笑臉的真相

洪俐芝，鄺府 著

在背後捅刀的那些「好人」

鍛鍊一雙識別人心的火眼金睛，掃清種陷阱與阻礙，
挖掘自身優點和潛能，
在未來一展抱負，獲得成功！

目錄

目錄

第三章　朋友：人生的第三根「拐杖」

目錄

第四章　貴人：縮短你奮鬥時間的人

第五章　敵人：讓你永不停息的激勵者

第六章　雙面人：心胸狹窄愛記仇

目錄

第八章　「白眼狼」：見利忘義不講原則

第九章　兩面倒：兩面三刀背後使壞

目錄

前言

幾何學大師阿基米德說過：「給我一個支點，我可以舉起整個地球。」這是一句多麼富有想像而又激動人心的話啊！他說出了一個真理：人類的任何事業都需要一個支點，只要找到恰當的支點並依靠它的力量，就沒什麼事情不能成功。

俗話說：「一個籬笆三個樁，一個好漢三個幫。」每一個成功者的道路都灑滿了他人的汗水，一個人獨行簡直不可思議。

頭頂一個天，生命依靠天空的庇護；腳踏一方地，生命依靠土地的承載。

草依靠風的吹拂，魚兒依靠水的滋潤，花兒依靠根的供養；

船依靠舵的掌握，風箏依靠線的牽掛，鳥兒依靠林的呵護；

山嶽巍巍，依靠於博大厚實的土壤；江水滔滔，依靠於堅定沉默

前言

的河岸。

渺小如草，偉大如嶽，飛翔如箏，美麗如花，誰能沒有依託，誰能沒有倚靠？

嬰兒時期依靠過母親的乳汁；蹣跚學步依靠過父親的藕手；在迷途中依靠過路人的指引；在課堂上，依靠過老師的關懷。

我們扶過朋友的肩膀，肩膀是一種結實的依靠；我們投入伴侶的懷抱，懷抱是一種溫暖的依靠。傷心時，一雙溫柔和煦的眼是依靠；失敗時，一隻同病相憐的手是依靠。

生命是在依靠中成長的，人生，也是在依靠中前進著的。

依靠是一門學問，一門博大精深的學問；也是一門藝術，一門沒有符號載體的藝術。會依靠者能點石成金，能在危敗之際力挽狂瀾；不會依靠者，即使有天時、地利、人和，最後也難以逃脫失敗的結局。

依靠的智慧一經點撥，就可以照亮生命的每一角落。有了這樣的智慧，依靠者可以少走彎路，對現實各種錯綜複雜的關係看得清清楚楚，對自身的處境，優缺點一目了然，對哪些該依靠，哪些不該依靠，依靠什麼，什麼時候依靠都胸有成竹。

依靠的智慧不是一種可以看得見、摸得著的模式，也不是某一種手段、方法，它是無處不在而又無跡可尋的。

依靠是一門藝術，它值得你一輩子揣摩它，研究它，使用它。依靠是一種智慧，它需要你在應用過程中有所發現，有所領悟，有所創造。

擁有高超的交際技巧，已經成了一個人能否獲得成功，取得一定社會地位所必須具備的基本素養和能力。最起碼也是一個人能夠明哲保身，在紛繁複雜的人際關係網中順利躲過各種明槍暗箭的護身法寶。

在這個世界上，稱得上「謙謙君子」的恐怕已經寥寥無幾，至於毫無瑕疵的完人恐怕就更少了。有些人可能會讓你事倍功半，有些人可能會扯你的後腿，有些人可能會讓你吃虧，甚至有些人可能會讓你身敗名裂……。

孔子在《論語．陽貨》中曾感慨過：「唯女子與小人為難養也。」與小人相處「近之則不孫，遠之則怨。」用今天的話說：你對他們親近一

前言

些，他們就會做出失禮的事；你對他們疏遠一些，他們又會怨恨你。儘管小人在兩千多年前就受到了孔夫子的聲討，但是兩千多年來，小人沒有因此減少，仍有眾多善良正直、光明磊落之人深受其害。

面對小人，越是退讓，麻煩越多。那麼，我們該如何防範小人呢？首先我們要有強悍的心理，不害怕他們，做好與他們進行堅決鬥爭的心理準備，然後以更磊落、更坦蕩的方式立身處事，在人格、人品上昭示著高尚和庸俗的界限。正如著名作家余秋雨先生所說：「研究小人是為了看清小人，給他們定位，以免他們繼續頻頻地騷擾我們的視線。」

希望本書能夠擦亮您智慧的雙眼，看準人、看透人，尋找自己的「靠山」，鋪築通往成功的捷徑；時時刻刻防範身邊的小人，小心應付，防患於未然。

第一章 自己：人生命運的舵手

「靠山，山會倒；靠人，人會跑；靠自己最好。」的確，這句話可以說總結了每個人的一生。無論你希望得到的人生是成功的，還是幸福的，那都需要自己去爭取，因為自己的人生，只有靠自己最好。當生命誕生於世間的那一刹那，就意味著靠自己駕駛的帆船開始了人生旅途。我們沒有選擇，只能站在舵手位置，駕駛著它駛進人生的茫茫大海，有的時候乘風破浪，有的時候徐徐而行，有的時候逆水行舟，有的時候順流而下……每艘航船的舵手不同，人生的航行方向也隨之產生不同變化。

發現自己，超越自己

卡內基說：「只要你向前走，不必怕什麼，你就能發現自己，成功一定是你的！」追求卓越成就，就是發現自己。實際上，你不必擔心什麼，你應該告訴自己：「要發現自己、超越自我，沒問題！」

許多人被成功拒之門外，並不是成功遙不可及，而是他們不能發現自己，主動放棄，認定自己不會成功。事實上，只要你每天規定自己一定要超越自我一點點，成功自會出現在你眼前。

人的智慧可以使人超越自己身體的局限和不足，人沒有翅膀，但可以駕駛飛機在天上翱翔；人的視力有限，但可以借助天文望遠鏡看到宇宙星空的細小變化。

人能夠不斷地超越自己。

如果一個人勇於向自己以往的表現和能力水準挑戰，當遇到困難時，便會嘗試學習新的方法來解決它，經過不斷學習，他的能力就會有所提高，他就實現了超越自己。

設定具有挑戰性的目標可以提高人的創造力，可以使人不斷地發展自己的能力，超越自己現在的水準。

只有具備積極的自我意識，一個人才會知道自己是個什麼樣的人，並知道能夠成為什麼樣的人。因而他能積極地發揮和利用自己身上的巨大潛能，做出非凡的事業。

羅斯福曾說過：「傑出的人不是那些天賦很高的人，而是那些把自己的才能在盡可能的範圍內發揮到最高限度的人。」

拿破崙在學校讀書時，笨得出奇。不論是法語還是別的外語，他都不能正確地書寫，成績也一塌糊塗。而且，少年的拿破崙還十分任性、野蠻。

在他的自傳中，曾這樣寫道：「我是一個固執、魯莽、不認輸，誰也管不了的孩子。我使家裡所有的人感到恐懼。受害最大的是我的哥哥，我打他、罵他，在他未清醒過來時，我又像狼一樣瘋狂地向他撲去。」

不僅如此，拿破崙還襲擊比他大的孩子，臉色蒼白、身體羸弱的拿破崙卻常讓他的對手不寒而慄。他家裡的人都罵他是蠢材，人們都稱他「小惡棍」。

可是，在這個遭人白眼的孩子內心中，信念的力量悄悄地滋長著。

他朦朧地意識到自己的與眾不同，然而他還未真正地認識它。而且，他心中有一種狂妄而任性的想法：凡是自己想要的東西，都要歸自己所有。

一天天長大的拿破崙開始更理智、更成熟地關注自己。他常沉溺於同齡人所無法想像的冥思苦想之中，他又瘋狂地迷戀著各種複雜的計算，他已學會用冷靜而徹底計算過的理智很好地控制自己的行動。

他驚奇地看到自己表現出來的出色思考力，第一次真正地認識了自己。他的行動變得果斷而敏捷，富有抗爭精神。一種嶄新的渴望點燃了他生命的熱情，終有一天，他明白無誤地告訴自己：「是的，我具有出色的軍事家的素養，權利就是我要得到的東西！」清醒的自我意識一旦形成，便發揮出巨大的推動作用。拿破崙在成功之路上連戰皆捷。三十五歲時他登上了法國皇帝的寶座。

積極的自我意識形成的過程，同時又是不斷和現實抗爭的過程，不斷地認識自我、超越自我的過程。成功者也正是在打拚中認識自我、最終實現自我的。

當我們試著走進失敗者的隊伍中去訊問他們的得失時，你將會發現，大部分人之所以失敗，都是因為他們從來就未發現能使之興奮而鼓勵他前行的環境，也就是說，他們的潛能從來就未曾被人喚醒過，這樣，他們就沒有力量從不良的環境中掙脫出來。

人生悟語

我們中間的大多數人都具有非凡的潛在能力，但這種潛能在大部分時間裡都處在酣睡蟄伏狀態，它一旦被喚醒，就會做出許多神奇的事情。

「野心」有多大，發展空間就有多大

野心就是一種力求實現自我的個人理想。一個有野心的人做事會與眾不同，他不會隨波逐流，不會虛耗光陰，因為一旦「野心」浸入他的靈魂，會自己生成一種改變自我、改變環境的信念。

如果你不想虛度自己的青春和生命，那麼，在你的人生中、工作中，你就要為自己定一個明確的目標，這個目標就會影響甚至決定你以後的生活。因為有什麼樣的目標，就有什麼樣的人生。

如果你將你的人生目標和理想只定位於混一碗飯吃，那麼，你可能一生都在為了「混一碗飯吃」而「奮鬥」著，也很可能就連這「一碗飯」也混不到嘴裡。

第一章　自己：人生命運的舵手

二十七歲的小春失去了她的工作。這個出生於一個普通工人家庭的孩子，常常凝視著天空發呆，其實，她是一直在思考如何改變自己的命運。經過了一段時間，小春經人介紹，到了一家旅館做一名客房部的服務人員，開始了每天疊被子、打掃房間的工作。

小春家裡有老人、有上學的孩子，開銷很大，而她每個月只有兩萬多元的收入，這種情況常常讓她感到生活的巨大的壓力，但小春從未感到灰心絕望，她不會滿足於現在，常常這樣激勵著自己：上帝對她關閉一扇扇大門，一定是想引導她到那扇成就自己命運的窗前。

一天，小春像往常一樣，清掃著旅館的走廊地毯，一位客人叫住她，讓她幫忙到街上買一塊香皂。小春剛開始心裡一驚，以為是自己粗心大意，忘了要在客人房間配放一次性香皂了，她急忙向客人道歉。但出乎她的意料之外，客人告訴她：「房間裡已經有一次性香皂了，可是我討厭用那種小香皂，體積太小了不好拿，容易掉，品質也太差。」小春幫助客人買回了香皂。

第二天，這位客人走了。小春在清掃客人的房間時，看到昨天幫客人買的香皂只使用了一點點，飯店配送的一次性香皂因為客人已經打開了包裝，也不能再用了。在將一大一小兩塊香皂丟進垃圾桶的時候，小春突然心裡一動：客人出差在外，都喜歡方便，不願意攜帶大塊的香皂，而旅館飯店提供的香皂又因為體積小、品質差等原因不能讓客人滿意。這不僅有損於旅館飯店的聲譽，還造成了不小的浪費。

小春分析了客人不喜歡小香皂的原因：一是品質較次，二是難拿難握，洗臉時缺少舒服的感覺；而旅館飯店也不可能為了滿足客人的喜好而增加經營成本為客人配備大香皂。能不能做出一種折中的香皂，既能滿足客人的需求，可以增大體積，讓客人好拿好握，同時又不影響品質，不造成浪費，不提升成本的香皂呢？

連續幾天，小春都被這個問題困擾著。

一天，小春無意間被孩子們玩的塑膠球吸引住了。她暗想：「如果在塑膠球的外面包上一層香皂，即設計一種空心的香皂，這樣，既能增加香皂的體積，讓客人好拿好握，好擦洗，又沒有增加香皂的用量和成本，一舉兩得，這種香皂一定會得到顧客和飯店的歡迎。」

小春興沖沖地畫好了圖紙，又找來小孩子們玩的塑膠球，把香皂削成薄片貼在塑膠球的表面，這樣，「空心香皂」的雛形就出來了。小春帶著自己的「產品」到了一家香皂工廠。香皂工廠的經理對此大為稱讚，但當小春詢問他們工廠能不能生產這種香皂時，這位經理卻遺憾地告訴她，因為這種香皂的生產工藝與傳統香皂的生產工藝完全不

同，因此，他們無法生產。

不過，這位熱心的經理最後鼓勵小春先去為自己的「產品」申請一個專利。

一九九八年四月十六日，小春終於申請到了新型香皂的專利權。

接下來，便是漫長的技術攻堅。皂粒熔點的掌握、皂粒與塑膠球的附著等問題都包含著極高的技術含量。為此，小春不知道求了多少人，做了多少次試驗。

這時，一些人聽說小春要開發新型香皂，不禁議論紛紛，說她僅僅高中畢業，又曾經失業，連吃飯都成問題，還要研究什麼新型香皂，簡直是異想天開，癩蛤蟆想吃天鵝肉。

這些輿論對小春的心理上造成了很大的壓力，但儘管如此，小春依然沒有動搖自己的信念。她經常用美國作家馬克．吐溫（Mark Twain）的一段話來激勵自己：「一個人的一生，如同一個個環套起來的鎖鏈，如果其中一個鎖鏈改變了位置，那麼整個人生都會因此改變。」小春告訴自己：「要想改變自己人生的現狀，等待機會是不行的，必須要善於創造機會，現在有了這麼好的機會，絕對不能因為別人的不理解和輿論就放棄。」

「野心」有多大，發展空間就有多大

小春經過一年時間的不斷鑽研探究，空心香皂技術上的難關被一一克服。一九九九年，她的新型香皂已經達到了可以批量生產的水準。看到自己的創意終於變成了產品，從機器上「流」出來，小春真正領略到了創業的艱辛與快樂。接下來的問題就是銷售。

小春在報紙上刊登了廣告，立刻就有很多飯店和旅館直接和她訂貨了。沒過多久，就有數十家賓館、浴池都開始使用小春的產品了。之後，小春的專利——空心香皂就出現了供不應求的局面。

就在這一年，小春成立了一家公司，她從一個人人同情的失業婦女，變成了一個身價數十萬元的女老闆。

俄國作家車爾尼雪夫斯基（Nikolay Gavrilovich Chernyshevsky）說過：「人的活動如果沒有理想的鼓舞，就會變得空虛渺小。」

其實，仔細想一想，只有先有夢想，然後才可能按照計畫去實現夢想，取得人生的成功。如果你想著生活吃飽穿暖就足夠，那你肯定不能成為百萬富翁。

信念，就是催動你的野心生根發芽的神奇力量，是你成功的翅膀。

如果把信念比作一堆柴火的話，那麼就需要一個火種來點燃，那就是進取心，你的

進取心跟你的目標成正比。如果你的目標遠大，那麼這個火種會很旺，也能輕易地點燃胸中的信念。進取心的多寡，可以決定你未來的走向。

人生悟語

一個人要能更好地生活下去，必須有一個目標。如果沒有一個有價值的目標，你不可能擁有一個美好的人生。道理非常簡單：你不知道你將去何方？有了目標，你就自己掌握了自己的命運。

心態積極，正視得失

當你朝好的方面想時，好運便會來到。積極心態是一種對任何人、情況或環境，抱持正確、誠懇而且具有建設性，同時也不違背法律和人權的思想、行為或反應。積極心態允許你擴展你的希望，並克服所有消極心態。

人生總有得與失，對待得失，關鍵是要調整自己，從而保持積極的心態。積極心態要求你在生活上的每一件事中學會積極的思考，積極思考是一種思維模式，它使我們在

心態積極，正視得失

面臨惡劣的情形時仍能尋求最好的、最有利的結果。換句話說，在追求某種目標時，即使舉步維艱，仍有所指望。事實證明，當你往好的一面看時，你便有可能獲得成功。積極思考是一種深思熟慮的過程，也是一種主觀的選擇。那麼什麼是積極的心態呢？讓我們看看下面的幾個例子吧！

不久前，我的一位朋友比爾被解僱了。他是突然被炒魷魚的，而且老闆未作任何解釋，唯一的理由是公司的政策有些變化，現在不再需要他了。更令他難以接受的是，就在幾個月以前，另一家公司還想以優厚的條件將他挖走，當時比爾把這事告訴了老闆，老闆極力地挽留他說：「比爾，我們更需要你！而且，我們會給你一個更好的前景。」

而現在比爾卻落到了如此結局，可想而知他會有多麼痛苦。一種不被人需要、被人拒絕以及不安的情緒一直纏繞著他，他不時地徘徊、掙扎，自尊心深受損害，一個原本能幹而有生機的比爾變得消沉沮喪、憤世嫉俗。在這種心境下，比爾怎麼可能找到新的工作呢？

在這種情形下，正是積極心態的力量發揮了最佳功效，使他重新找到了自己。

有一天，他無意中翻出《積極思考的力量》這本書。看過一遍後，開始思考，他目前這種狀況是否也存在一些積極的因素呢？他不知道，但他發現了許多消極負面的情

緒，這些負面因素是使他一蹶不振的主要原因。他也意識到一點：要想發揮積極思考的作用，自己首先必須做到一點——排除消極的情緒。

沒錯！這便是他必須著手開始的地方。於是他開始改變思維方式，摒除消極的情緒，代之以積極的思想，使自己的心靈復甦。他開始定期禱告：「我相信這一切都是上帝的安排，我被解僱，相信也是如此。我不再抱怨自己的遭遇，只想謙卑地請問上帝，這件事究竟因何而起？」一旦他開始相信所發生的一切事情都確有其因之後，他不再對老闆憤懣不已，他認為，如果自己身為老闆，也許會不得不如此。當他如此考慮之後，自己的心態完全變了，後來，他又找到了一份新工作。

為什麼積極的心態會產生如此大的力量呢？其實，積極的心態並不具有神奇的魔力，可以無中生有，為失業者變出一份工作，而是一切都有跡可循，最終還得靠我們自己。當比爾心中充斥著不滿、怨氣和仇恨時，他怎麼可能盡心盡力地去找工作。倘若他遇到朋友時，仍然怨天尤人，你想他的朋友會認為他是個適當的人選而大力向人推薦嗎？所以，比爾後來的轉機也在意料之內，他只不過是及時調整了自己的心態，改變了自己的思考和行為方式，而且客觀地分析了事實。

因此積極心態指的是，在看待事物時，應考慮生活中既有好的一面，也有壞的一面，但強調好的方面，就會產生良好的願望與結果。當你朝好的方面想時，好運便會來到。積極心態是一種對任何人、情況或環境所抱持的正確、誠懇而且具有建設性的思想、行為或反應。積極心態允許你擴展你的希望，並克服所有消極心態。它給你實現願望的精神力量、感情和信心，積極心態是當你面對任何挑戰時應該具備的「我能……而且我會……」的心態。積極心態是邁向成功不可或缺的要素，積極心態是成功理論中最重要的一項原則，你可將這一原則運用到你所做的任何工作上。

人生悟語

執著地對待生活，牢牢地把握生活，但又不能抓得過死，捨不得鬆手。人生對於財富，也應有一種能夠「拋棄」的態度：我們必須接受「失去」，學會怎樣鬆開手。所以，我們要正確對待得失，保持樂觀的想法和自信的態度，因為樂觀自信是一筆無形無價的財富。

自己才是最可靠的

人們經常有的一個錯誤的想法，就是以為別人會不斷地給予幫助並且從他們的幫助中獲得利益。

力量是每個志向高的人的支柱，而依靠他人只會導致懦弱。力量是自發的，不能依靠任何人。坐在健身房裡讓別人替我們練習，是永遠不會增強我們自己的肌肉的。沒有什麼比依靠他人的這種習慣，更能破壞獨立自主的能力了。如果你依靠他人，你將永遠無法堅強，也不會有獨創力了。

一位神職人員在洪水來臨時，被困在了閣樓裡。當洪水上漲到他腳下時，他虔誠地向上帝禱告希望上帝來救他。「上帝會救我的。」他告訴自己。很快地，駛來了一艘船，船主叫這位神職人員游到船邊來。

「別擔心我，上帝會來救我。」他這麼說著。

於是，船上的人只好很不情願地把船划走了。

洪水在繼續上漲著，並且很快就要淹過他的膝蓋。距離教堂閣樓不遠處又駛來了一艘船，船上的救生員大聲地喊，讓這位神職人員立刻上船，但他仍然回答道：「上帝會來救我的。」他更加虔誠地禱告。

就在洪水淹到他的下巴時，第三艘船划了過來，而且划到了他可以爬上船的距離，但這位神職人員仍然大叫著說：

「不要管我，上帝會來救我。」

那艘船也同樣無可奈何地划走了。

幾分鐘之後，無情的洪水淹沒了他的頭頂。當他進入天堂之門後，立刻要求見上帝。見到上帝後，他謙恭地問道：

「上帝呀，我在人間的工作尚未完成，你為什麼不救我呢？」

「上帝一臉愕然，很納悶地說：「哎呀，我還以為你想來這裡，我已經派三艘船去了。不是嗎？」

上帝只救自救者，給每個人以發展機會，讓我們成功。

剩下的就看我們自己是否給上帝這個面子。

當一個人身處困境時，自然希望能有一個救世主來解救自己，使自己得以從困境中擺脫。這自然可以理解，而且，的確會有在你最困難的時候，能將你從困境中解救出來

的「貴人」。但是，這建立在你必須有信心且努力自救的基礎上。否則，即使是萬能的上帝，面對一個已經徹底放棄人生，對自己的發展毫無信心的人，也無可奈何。

沒有內部因素當基礎，即使有強大的外力也無濟於事。雞蛋所以能孵出小雞，就因為它是雞蛋，有能孵出小雞的基礎；而一塊石頭，再偉大的母雞也孵不出小雞來。一個人只有對自己的發展充滿信心，他才會有較大的發展。

有一個人，把自己多年的積蓄以及全部財產都投資到一種小型製造業上。由於對變化無常的市場把握不當，再加上原料價格不斷上漲等原因，他的企業垮了，再加上妻子失業，他處於絕境之中。他對自己的失敗、對自己的那些損失都難以釋懷，畢竟那是他們半輩子的心血和汗水。好幾次，他都想跳樓自殺，一死了之。

一個偶然的機會，他在一個書攤上看到了一本名為《怎樣走出失敗》的舊書，這本書為他帶來了希望和重新振作的勇氣，他決定找到這本書的作者，希望在作者的幫助下重新站起來。

當他找到那本書的作者，講完了他自己的遭遇，那位作者卻對他說：

「我已經以極大的興趣聽完了你的故事，我也很同情你的遭遇，但事實上，我無能為力，一點忙也幫不上。」

自己才是最可靠的

他的臉立刻變得蒼白，低下了頭，嘴裡喃喃自語：

「這下子徹底完蛋了，一點指望都沒有了！」

那本書的作者聽了片刻，說道：

「雖然我無能為力，但我可以讓你見一個人，他能夠讓你東山再起。」

他立刻跳起來，抓住作者的手，說：

「看在老天爺的份上，請你立刻帶我去見他。」

作者站起身，把他帶到家裡的穿衣鏡前，用手指著鏡子說：

「就是這個人！這個人就是我要介紹給你的人。在這個世界上，只有這個人能夠使你東山再起。除非你坐下來，徹底認識這個人，否則你只有跳樓了。因為在你對這個人沒有充分認識以前，對於你自己或這個世界來說，你都將是沒有任何價值的廢物。」

他站在鏡子面前，看著鏡子裡的那個滿臉鬍鬚的面孔，認真地看著，看著看著他哭了。

幾個月之後，作者在大街上碰見了這個人，幾乎認不出來了。他的臉不再是幾十天沒刮的樣子，腳步也非常輕快，頭抬得高高的，衣著也煥然一新，完全是一個成功者的

姿態。他對作者說：

「那一天我離開你家時，只是一個剛剛破產的失敗者。我對著鏡子找到了自信。現在我又找到一份收入很不錯的工作，妻子也找到了一份薪水很可觀工作。我想用不了幾年，我就會東山再起。」

他還風趣地對作者說：

「也許再過幾年，我再去找你，就會給你一份報酬，你應得的報酬。因為正是你介紹我認識了我自己，使我對人生又充滿了信心。」

的確，世界上從來就沒有什麼救世主。一個人要發展自己，要想使自己的人生輝煌，只有靠你自己，靠你的信心，靠你的努力！

只有讓我們自己去面對人生，只有當我們具有的每一點智慧和才華都被全部使用時，我們才能發揮出最大的能量，我們才能實現最大的價值。只有鍛鍊後，人才會變得更堅強。也只有去爭取、去奮鬥，才會擁有自己的一片天。

人生悟語

依靠他人，覺得總是會有人為我們做任何事，所以不必努力。這種想法對要想發揮自助自立和艱苦奮鬥的精神是致命的障礙。我們從沒有聽說過某個習慣等候幫助，等著別人拉一把，等著別人給予錢財，或是等著運氣降臨的人能夠真正成就大事。

懶惰是一種「毒藥」

英格蘭教會牧師兼學者羅伯特·伯頓（Robert Burton）為世人留下了一本書《憂鬱的解剖》（The Anatomy of Melancholy）。他在書中指出：「懶惰是一種毒藥，它既毒害人們的肉體，也毒害人們的心靈。」伯頓說，「懶惰是萬惡之源，是滋生邪惡的溫床；懶惰是七大致命的罪孽之一，它是惡棍們的靠墊和枕頭，懶惰是魔鬼們的靈魂。一條懶惰的狗都遭人唾棄，一個懶惰的人必然被社會所拋棄。再也沒有什麼事情比懶惰更加不可救藥的了。一個聰明然而卻十分懶惰的人本身就是一種災禍，這種人必然成為邪惡的走卒，是一切惡行的役使者，因為他們的心中已經沒有勞動和勤奮的地位，所有的心靈空間都被惰性所占據，這正如一潭死水中的各種寄生蟲，各種骯髒的爬蟲都瘋狂地成長一樣，各種邪惡的、骯髒的想法也在那些生性懶惰的人們的心中瘋狂地生長，這種人的靈魂都被各種邪惡的思想腐蝕、毒化了。」

對任何事物而言，懶惰都是一種墮落的、具有毀滅性的東西。懶惰、懈怠從來沒有在世界歷史上留下好名聲，也永遠不會留下好名聲。懶惰是一種精神腐蝕劑。因為懶惰，人們不願意付出；因為懶惰，人們不願意去戰勝那些完全可以戰勝的困難。

以前有兩個鄉下人，一個做事很勤奮，另一個卻很懶惰。二人相約一起來到一座大城市，都選擇了賣肉，並且在一個市場上，攤位就在對方隔壁，都是賣肉。可是幾年之後，兩個人的成就卻是天壤之別。一個成了肉品批發商，手裡有上百萬的資金。另一個因生活沒有著落，只能回到了鄉下。成與敗，說起來好像十分遙遠，但事實上，往往就只差那麼一點點。就拿兩個賣肉的人而言：成功者每天賣肉，都要拿出一點時間把不乾淨的和沒有達標的肉統統去掉，給消費者一種安心感；失敗者卻從來沒有理會過這一點，他們懶洋洋的，從來都是為自己考慮，而且總覺得把肉弄乾淨應該是消費者的事。成功者總是把肉攤收拾得規規矩矩，把肉放得整整齊齊，讓人看著就舒服；失敗者只是把肉往地上一攤，愛怎樣就怎樣！成功者每天要多賣半小時，盡力全部賣出；失敗者認為無所謂，今天賣不動，還有明天。就是這些細微的差異，天長日久，兩個鄉下人，一個在城裡站住了腳，一個只好回到鄉下。由此可見，勤奮與否，結果會帶來成功與失敗的巨大反差。

懶惰是隱藏在人背後的無形殺手。「業精於勤，荒於嬉。」對待事情沒有滿腔熱情，而是麻木，消極懶惰，沒有絲毫進取心，就像「做一天和尚撞一天鐘」、「三天打魚，兩天晒網」，這樣的人生便會黯然失色，失敗也會不斷地困擾著你。

梁實秋在〈勤〉裡說道：「惡勞好逸，人之常情。就因為這是人之常情，人才需要鞭策自己。勤能補拙，勤能損欲，這還是消極的說法，勤的積極意義是要人進德修業，不但不同於草木，也有異於禽獸，成為名副其實的萬物之靈。」

其實，對許多人來說，失敗使人重新評價自己的生活，從而整裝上陣。失敗意味著一定會有損失，但同時也得到一些機會。

多一些努力，便會多得一些成功的機遇。無數事實證明：成功的最短途徑是勤奮。面對失敗，勤字當頭，可以為你增強信心。皇天不負苦心人，天道酬勤。

人生悟語

懶惰是一種使人喪失鬥志的精神重負。生性懶惰的人不可能在社會生活中成為一個成功者，他們永遠是失敗者。成功只會光顧那些能夠克服惰性，努力奮鬥的人們。

行動：打開成功大門的鑰匙

在現實生活中，有些人總是牢騷滿腹，要麼抱怨自己久不得志，要麼向別人訴苦命運對自己不公。心存不滿，怨天尤人是他們普遍的心態。世態本該有炎涼，命運也不可能對你百依百順。你只有付諸於行動，不要苦苦抱怨命運，自己才能打開不幸命運的結。

對不幸的命運，越抱怨就越覺得痛苦。與其抱怨，不如一次的行動。

一天，公司要裁員，名單一公布，有內勤部門的艾麗和密娜達，規定一個月之後她們必須離任，當時她們的眼眶都紅紅的。第二天上班，艾麗的情緒仍然很激動，對誰都沒有給好臉色，彷彿吃了火藥，她不敢找總經理發洩，就跟主任訴冤，找同事哭訴：「憑什麼把我裁掉？我做得好好的……這對我來說太不公平了！」她聲淚俱下的樣子，讓人既同情，又不知該怎樣勸慰她。而她也只顧著到處訴苦，以至於她的分內工作：訂便當、傳送檔案、收發信件等等的工作，都不再過問了。

她原本是個很討人喜歡的人，但現在她整天氣憤憤的，許多人都開始有些怕和她接觸，都躲著她，後來就有點厭煩她了。

而密娜達在裁員名單公布後，雖然哭了一晚上，但第二天一上班，她就和以往一樣做自己該做的事。由於大家不好意思再吩咐她做什麼，所以她便主動幫大家的忙。面對大家同情和惋惜的目光，她總是笑笑地說：「是福跑不了，是禍躲不過，反正這樣了，不如做好最後一個月，以後想做恐怕都沒機會了。」她仍然每天非常勤快地工作，隨叫隨到，堅守在自己的職位上。

一個月後，艾麗如期被解僱，而密娜達卻從裁員名單中被刪除，留了下來。主任當眾傳達了總經理的話：「密娜達的職位，誰也無可替代，密娜達這樣的員工，公司永遠不會嫌多！」

人在面臨困境的時候，不要抱怨命運，因為抱怨不但會讓自己內心痛苦不堪，而且在怨天尤人的憤怒情緒中，只會把事情搞得越來越糟，解決問題的機會將再次錯過；抱怨除了會態度惡劣地對待他人以外，更會令自己一事無成。

其實上蒼真的很公平，那些抱怨它的人只是因為沒能發現命運放在他們身邊的那些賞賜，常常捨近求遠，到別處去尋找，找尋不到，就開始抱怨。而實際上機遇往往就在你的腳邊，正確地講，是在你的心裡。

一九七二年，新加坡旅遊局打了一份報告給總理李光耀，大意是說：我們新加坡不

像埃及有金字塔、不像中國有長城、不像日本有富士山，我們除了一年四季直射的陽光，什麼名勝古蹟都沒有，要發展旅遊事業，實在是巧婦難為無米之炊。

李光耀看過報告，非常氣憤。他在報告上批了一行字：「你想讓上帝給我們多少東西？陽光有嗎？有陽光就夠了。」

後來，新加坡利用那一年四季直射的陽光，種花植草，在很短的時間裡，發展成為世界上著名的「花園城市」，連續多年，旅遊收入列亞洲第三位。

有時候，命運在向你關閉一扇門的同時，會為你開啟另一扇窗。世上的任何事都是多面的，我們看到的只是其中的一個側面，這個側面讓人痛苦，但痛苦卻往往可以轉化，任何不幸、失敗與損失，都有可能成為我們有利的因素。

面對不幸，面對困境，我們所要做的不是怨天尤人，自暴自棄，而是應該不斷捕捉生存智慧，承受苦難，直面打擊，在挫折中使自己成長。

不能因為有月缺，我們就說月球不是圓的；不能因為有日食，我們就說太陽不是永恆的。任何一天都有好與壞，沒有哪一天、哪種環境是百分之百的「好」。我們之所以常常會抱怨生活的不公平，是因為我們對自己的處境總是抱著一種悲觀的看法，而不是一種樂觀、正向的看法。

人生悟語

行動比抱怨更重要，前者讓你打開成功之門，後者讓你斷絕成功之路。不行動，就會失去許多可以使你獲得成功的機會。

向自己的弱點挑戰

在我們身上，有許多人性弱點。如果屈從於人性弱點，結果只會陷入失敗的深淵。俄國作家杜斯妥也夫斯基（Fyodor Dostoevsky）說：「如果你想征服全世界，你就得先征服自己。」

確實是這樣，征服別人容易，征服自己則困難。

法國作家羅曼．羅蘭（Romain Rolland）在他的小說中塑造的約翰．克利斯朵夫的形象，為我們展示了一個人要戰勝自己是一個艱難而痛苦的歷程。

約翰．克利斯朵夫出生於一個貧民家庭，他要靠個人的奮鬥取得人生成功，就得與社會奮鬥、與自己奮鬥。

來自約翰．克利斯朵夫內心的敵人有兩個：一是宗教意識，一是本能、欲望。前一個要他屈服命運，後一個要他墮落沉淪。約翰．克利斯朵夫靠著頑強的意志與自己戰鬥，他決不認命，不甘於墮落，在那個汙濁骯髒的世界裡始終保持純潔的品性，戰勝了自己身上人性的弱點，實現了自己的歷史使命。在他臨終時心靈達到高度和諧的境界：沒有痛苦、沒有恩怨，只有真正的快樂。

俗話說：「盤古至今數千年，英雄難過美人關。」真的是英雄難過美人關嗎？其實是美人關好過，自己這關卻很難過。事實上並不是美人把英雄打敗了，而是英雄自己打敗了自己。

在物欲橫流的社會裡，有很多人成了物質財富、金錢美女的俘虜，一生的努力付之東流。古人云：「人非聖賢，孰能無過？」弱點是人性的寄生蟲，它依附在每個人的身心，甚至思想裡，始終左右著人的心靈。要想戰勝弱點，你必須向弱點挑戰，掃除一切人性的弱點。

人性的弱點真的如同想像中那樣難以戰勝嗎？其實不然，要想戰勝人性的弱點，以下有幾個最佳途徑：

首先，必須要以成功人生的信念為基礎，這個信念一定要堅定不移。很多人都想獲得成功，但是又缺乏自信，因而這個信念並不堅定，稍遇風吹浪打，這個信念便會被他丟棄。堅定的信念是和人性的弱點作鬥爭的武器。

其次，是把社會的需求和自己的長處結合以發展自己，戰勝自己。很多人最後被自己打敗是因為自暴自棄。

還有很多人失敗是因為刻意追逐別人的成功之路，完全放棄了自己的特長興趣，最終完全喪失自己。

再者，要磨練頑強的意志。與自己鬥爭就是意志力的考驗。

在人生的旅途中，並非總是順境。逆境會使多數人萎靡不振，只有少數具有頑強意志的人才能夠在逆境中戰勝自己的弱點。

七情六欲，人皆有之。欲望也是人性的弱點之一。因為有時人會被欲望埋沒。

人本主義心理學家馬斯洛（Abraham Harold Maslow）認為人的欲望是人的天賦人權。人有權利在人世滿足自己的欲望，但是滿足欲望的方式必須建立在不損害他人利益的基礎上，在社會規範的基礎上。如果放縱自己的欲望，肯定會為自己或他人帶來災難。

第一章　自己：人生命運的舵手

在俄國作家列夫·托爾斯泰（Leo Tolstoy）的作品中塑造的眾多形象之中，有一個叫巴荷姆的人，他到草原上去購買土地，賣地的人提出的地價是誰出一千盧布，那麼他從日出到日落走過的土地就歸他所有；不過，如果在日落之前，買地的人沒有回到原來的出發點，那麼他就一塊土地也不會得到，一千盧布也就歸賣地人所有。

巴荷姆付了一千盧布，等第二天日出的時候，他就急匆匆地大踏步向前走去。他走了良久，才發現太陽快落山了，於是又朝出發點拚命跑去，等到他跑回出發點時，兩腿早已發軟，撲通一聲倒在地上，一命嗚呼。

正是由於放縱了自己的貪欲，巴荷姆不但沒有得到土地，還白搭上了一條性命。

歌德年輕時苦苦迷戀上了他朋友的妻子，沒有辦法實現這種愛的欲望，他感到萬般痛苦。正因為歌德有著這種實現不了而又忘不掉的愛情，所以他把自己關到一座狹窄的房子裡，不願意與任何人接觸。不過，令人欣喜的是，幾個星期過去，一部世界名著《少年維特的煩惱》誕生了。

歌德把自己那種無法滿足的欲望昇華為一部小說。在小說裡，他把自己在現實中不能講的話痛快淋漓地宣洩出來。他把壓抑的愛情予以釋放，最終獲得了新生，甚至因此而成名。

在現實生活裡，人們的欲望不可能都能夠成為現實。有的人乾脆就把阻礙自己實現欲望的對象統統視作異己。這樣沒過多久，周圍的人就都成了他的敵人。

欲望是生命的活力，但是實現欲望的方式和途徑是多種多樣的。當你以某種方式滿足不了或者宣洩不了心頭的欲望時，不妨換另一種方式，成功的機遇或許在這種情況下就會被你捕獲。

請記住：絕對不要在一條道上走到黑。

一定要找到自己身上的弱點，然後戰勝它。只要真正做到這一點，你就會覺得成功對於你來說是神奇又偉大的。

人生悟語

人性中有很多弱點，如貪圖享受、容易滿足、不求上進、迴避困難、自我輕賤、盲目樂觀、懶散傲慢等等。你必須戰勝這些弱點，才能走向成功。

流自己的汗，吃勤勞的飯

有人認為，成功在於天才。其實，天才與勤奮是密不可分的，所謂天才，首先是勤奮的人。我們承認人們的天賦有差別，但是，能夠成為天才，關鍵在於勤奮。有幾分勤學苦練，天資就能發揮幾分。天資的充分發揮和個人的勤學苦練是成正比例的。

沒有勤奮就沒有成功，這就正如春天不播種，夏天就不能生長，秋天就不能收穫，冬天就不能品嘗。你要想取得成功，那就要變得勤奮起來。你要想與幸運握手，那就要付出艱辛的勞動。著名畫家達文西說：「勤勞一日，可得一夜安眠；勤勞一生，可得幸福長眠。」

古代波斯詩人薩迪（Sa'di）在他的作品《薔薇園》中這樣寫道：「富人如果把金錢放在你手中，你不要對這點恩惠太看重，因為聖人曾經這樣教誨：勤勞遠比黃金可貴。」

從前，有一個勤勞的老農夫在臨終時，希望他懶惰的兒子們能夠像他一樣，辛勤地耕種田地，於是他叫兒子們來到床邊，說：「兒子們！在我的葡萄園裡，有一個地方藏著一堆財寶。」老農夫說完就死了。他的兒子們立刻拿了鐵鏟鐵鍬等，挖遍了葡萄園。

可是並沒有找到什麼財寶，反而葡萄樹因為翻土而生長得很茂盛，有了很好的收穫。

「天下沒有不勞而獲的事，只有勤奮耕耘才有好收穫。」這位老農夫留給他懶惰的兒子們的一段話，勝過千萬遺產。哪個人的成功不是因為辛勤耕耘？雖然辛勤耕耘不一定會有好收穫，但不耕耘一定毫無收穫。

麥當勞這個世界聞名的速食店，在三十年前只是美國加州一間默默無聞的小店，就是憑藉勤奮的經營之道才使得這個小店變得舉世聞名。

麥當勞速食店的總裁對全體員工要求甚嚴。他認為每個人的潛能都是無窮的，要盡可能地發揮每個人的潛能，唯一的辦法就是使他們勤奮起來。於是，他實施了一系列的措施，包括員工必須早早清掃店內保持衛生，穿著必須整齊一致，不准進行不必要的間歇、休息，並設立了極其嚴格的獎懲制度等等。經過一系列改革，店內員工生活有了規律，整個工作程序顯得緊張而有秩序。目前，「麥當勞叔叔」的形象已風靡全球，在英國、日本等地，麥當勞家喻戶曉。可想而知，它從一家小店發展到今天這樣的規模，是何等不易！這裡面不知凝結了多少辛勤的汗水。

人並非生下來就是天才或懦夫。所有的成功都是努力換來的結果，天才也需要後天的磨練。生命需要努力，它需要辛勤的汗水來澆灌，只要勤奮就可以換來累累碩果。麥

當勞的成功，不是靠方法來勝利，而是勤奮的功勞。對於一樁成功的事情，勤奮的功用實在是默默無聞，太平實了，平實得就像大廈的樁基，重要而又潛隱，無聲無息地馱起偉岸的形象和耀眼的華麗。但是，世人往往太過膚淺和勢利，總是讚美偉岸，簇擁華麗，忘卻平實。面對一座座摩天大樓，除了仰頭而望以外，有多少人會想到它的樁基，或者那些辛勤的創造者。所以在生活中，渴望「空中樓閣」的人屢見不鮮。

馮友蘭先生認為，凡是能使某事最成功的方法就是最平實的方法。如果一個人想發財，最普通的方法，是去竭力經營。

縱覽古今中外的成功人士，其成功的足跡無不是灑滿了辛勤的汗水。我們每個人能吟誦幾句勤奮的格言，也能述說幾個偉人的艱辛，並為之感動和讚嘆。但你一定會說我不是偉人，只是望洋興嘆。這種遺憾並非是能力上的失敗，而是不願勤奮的失敗。

胡適先生說過：「用血汗苦功到了九十九分時，也許有一分的靈巧新花樣出來，那就是創作了。頹廢慵懶的人，痴待『靈感』而來，是終無所成的。」可見，勤奮雖不是絕對成功的法寶，但卻是走向成功最平實的大路。

人生悟語

勤奮，是走向成功的鑰匙。哪一位叱吒風雲的偉人不是憑著自己的勤奮一步一步走向成功的？連許多在商場上呼風喚雨的人都是當年白手起家，憑著一雙勤勞的雙手闖天下的。在通往成功的過程中總會有一些坎坷經歷，克服了，也就成功了。

自立自強是你一生的靠山

自強自立是一種意識。一個自強自立的人，他會堅守信仰，保持操守。當一個人自強自立了，懂得對自己負責了，他就會變得無比強大。

一個叫傑克的人有幸在年少時，便學會了自立自強。他父親在第二次世界大戰時身在國外，那時他九歲。在聖地牙哥附近，有一個陸軍制空炮兵團，他和那些士兵們成為朋友，一起消磨閒暇時光。他們會送傑克一些軍中紀念品，像陸軍偽裝鋼盔、背帶及軍用水壺。傑克送以糖果、雜誌或邀請他們來家中吃飯作為回贈。

傑克永難忘懷那一天，他回憶道：

「年紀比我大的一位士兵朋友說：『星期天早上五點，我帶你到船上釣魚。』我歡呼雀躍不已，高興地回答：『我好想去！我甚至從未靠近過一艘船，我總是在橋上，在堤壩上，或在岩石上垂釣。看著一艘艘船開往海中，真令人羨慕！我總是夢想有一天我能自己去船上釣魚。噢，太感謝你了！我要告訴我媽媽，下星期六請你過來吃晚飯。』週六晚上我興奮地和衣上床，為了確保不會遲到，還穿著網球鞋。我在床上無法入眠，幻想著石斑魚和梭魚在天花板上游來游去。早上三點我就爬出了臥房窗口，帶好漁具箱，將釣竿上好油。帶了兩份三明治。四點整我就準備出發了。釣竿、漁具、午餐及滿腔熱情，一切就緒——坐在我家門外的路邊等待著我的士兵朋友出現。

但他失約了。

那可能就是我一生中，學會了要自立自強的關鍵時刻。

我沒有因此對他的真誠產生懷疑或自怨自艾，也沒有爬回床上生悶氣或憤憤不已地向母親、兄弟姐妹及朋友訴苦，說那傢伙沒來，失約了。我跑到附近的售貨攤花光四天除草賺來的所有錢，買了那個上星期看見的、補過的單人橡皮艇。近午時分，我才將橡皮艇灌滿氣，我把它頂在頭上，裡頭放著釣魚的用具，活像個原始狩獵者。我搖著槳，滑入水中，假裝我將啟動一艘豪華大油輪，駛向海洋。我釣到了魚，享受了我的三明治，用軍用水壺喝了些果汁，這是我一生中最美妙的日子之一。那真是生命中的一大高潮。」

傑克經常回憶那天的光景，沉思所學到的經驗，即使是在九歲那樣稚嫩的年紀，他也學到了寶貴的一課：只要魚兒上鉤，世上便沒有任何值得煩心的事了。而那天下午，魚兒的確上鉤了。而且，士兵朋友教會了他，光有好的意圖並不夠。士兵朋友要帶傑克去，也想著要帶傑克去，但他並未赴約。

對傑克而言，那天去釣魚，是他最大的願望，他立即著手規劃，使願望成真。傑克極有可能被失望的情緒所擊敗，也極有可能是回家安慰自己：你想去釣魚，但那士兵朋友沒來，那就算了吧！相反的，他心中有個聲音告訴他：僅有欲望不足以得勝，我要立刻行動，要自立自強，我可以發揮出自己潛在的力量。是的，人生的道路靠自己去打拚，唯有自強自立，才能有輝煌的人生。

人生悟語

對我們每個人來說，自強自立都不可或缺。生活中的一切，工作中的一切，都只能靠你自己，因為你才是自己真正的主人。

機遇，可遇不可等

有一種說法認為：「機遇可遇而不可求。」其實，機遇的產生也有其內在規律。如果你有足夠的勇氣，睿智的腦袋，敏銳的觀察力、判斷力，機遇也可以被「創造」出來。善於把握機會，利用機遇完成創造是聰明的人，而好多偉人在這種聰明的基礎上創造機遇，讓機遇為我所用，這樣的人則更是聰明一等。

有個懶人靠在一塊大石頭上，懶洋洋地晒著太陽。

這時，從遠處走來一個奇怪的東西，它周身發著五顏六色的光，七八條腿一齊運動，使它的行走十分快捷。

「喂！你在做什麼？」那怪物問。

「我在這裡等待機遇。」懶人回答。

「等待機遇？哈哈！機遇是什麼樣子，你知道嗎？」怪物問。

「不知道。不過，聽說機遇是個很神奇的東西，它只要來到你身邊，那麼，你就會走運，或者當上了官，或者發了財，或者娶個漂亮老婆，或者……反正，美極了。」

「你連機遇是什麼樣子都不知道，還等什麼機遇？還是跟著我走吧，讓我帶著你去做幾件對你有益的事吧！」

那怪物說著就要來拉他。

「去去去！少來添亂，我才不跟你走呢！」懶人不耐煩地驅趕怪物。

那怪物嘆息著離去。

這時，一位長髯老人來到懶人面前問道：「你抓住它了嗎？」

「抓住它？它是什麼東西？」懶人問。

「它就是機遇呀！」

「天哪！我把它放走了。不，是我把它趕走了！」懶人後悔不迭，急忙站起身呼喊機遇，希望它能返回來。

「別喊了，」長髯老人說，「我告訴你關於機遇的祕密吧。它是一個不可捉摸的傢伙。你專心等它時，它可能遲遲不來，你不留心時，它可能就來到你面前；見不著它時，你時時想它，見著了它時，你又認不出它；如果當它從你面前走過時你抓不住它，那麼它將永不回頭，使你永遠錯過了它！」

「我這一輩子不就失去機遇了嗎？」懶人哭著說。

「那也未必，」長髯老人說，「讓我再告訴你另一個關於機遇的祕密，其實，屬於你的機遇不止一個。」

「不止一個？」懶人驚奇地問。

「對。這一個失去了，下一個還可以出現。不過，這些機遇，很多不是自然走來的，而是人創造的。」

懶人甚是不解。

「剛才的一個機遇，就是我為你創造的一個，可惜你把它放跑了。」老人說。

「太好了，那麼，請您再為我創造一些機遇吧！」懶人說。

「不。以後的機遇，只有靠你自己創造了。」

「可惜，我不會創造機遇呀。」

「現在，我教你。首先，站起來，永遠不要等。然後，邁開步伐朝前走，見到你能夠做的有益的事，就去做。那時，你就學會了創造機遇。」

人生悟語

人不僅要把握機遇，更需要千方百計地創造機遇。一個成功人士，絕不是一個逍遙自在、沒有任何壓力的觀光客，而是一個積極投入的參與者。善於創造機遇，並張開雙臂迎來機遇的人，最有希望與成功為伍。所以，世界上最需要的正是那些能夠積極創造機遇的人，這也是現代人必須具備的人生態度。

第二章　親人：最強大堅實的後盾

俗話説得好：「親人之情似海深，斬斷骨頭連著筋。」親人永遠是你生命中最強大、最堅實的後盾，是你最值得信賴的靠山。在親人寬闊臂膀的呵護下，你才能夠茁壯成長，邁出人生的第一步；依靠親人的囑託，你才能夠真正懂得生命的價值和生活的意義。親人的幫助，會伴隨你的一生一世，為你送去溫暖，送去光明。

伴侶：你永遠的依靠和後盾

人人都說男人是家庭的「頂梁柱」，女人是家庭中的「賢內助」。兩個人之間相互依靠、相互支持，才成就了和諧美滿的家庭，也成就了各自的事業。

俗話說：「每一個成功男人的背後，都有一個偉大的女人。」這句話反過來說，也照樣成立。事業的發展與進步，離不開伴侶的付出與努力。伴侶會為你提供強大的精神動力和堅實的物質基礎，是你永遠可以信賴的依靠和後盾。

見過她的人，都說她長得美。可惜她與丈夫都是盲人。但他們生活得很幸福，夫妻恩愛有加，心心相印，在無光的世界裡尋找著人生的亮點。溫馨的生活像一條透澈的小溪，在夫妻間靜靜地流淌。終於有一天，小溪泛起了微瀾。

這天傍晚，丈夫像喝多了酒，進門便高聲喊：「我快要擺脫黑暗了，醫生說我復明有望！」

盲女高興極了，她認真地聽著丈夫分享他的喜悅。「到那時，我會帶妳遊遍世界各地。」

盲女聽著聽著，臉上的喜悅漸漸消失了。

次日，她找到那位醫生，落實丈夫所言。醫生問：「妳希望丈夫復明嗎？」盲女點點頭。醫生提醒說：「據我所知，在眾多盲人夫妻中，若一方復明，極可能會拋棄對方，妳是否想過這一點？」

盲女說：「即使真的出現那種情況，我也無悔。只要他能夠復明，我自己寧願獨守漆黑的世界。」醫生感嘆不已，但又不得不告訴盲女，她的丈夫無絲毫復明的希望。由於當時怕傷他的心，才未講明實情。

盲女自始至今不願接受這個現實。丈夫是個血性男兒，剛剛燃起的復明之火瞬間熄滅，他一定會絕望得發瘋。她懇求醫生永遠向丈夫隱瞞實情，以慰藉他那顆渴望復明的心。

醫生被盲女的誠心所打動，答應了她的請求。這時，醫生突然發現盲女的瞳孔中有亮點閃動，這是復明的先兆。「啊，小姐的眼睛倒是復明有望。」醫生檢查後驚喜地告訴盲女，只要認真接受治療，復明指日可待。

盲女喜出望外，興奮得兩手發抖，但她很快又冷靜下來：自己一旦復明，不就會像別的女人一樣，在大街上左顧右盼，用眼光親吻滿世界的俊男。自己能夠抵擋得住誘惑嗎？或許有一天，自己可能會背叛丈夫，成為他人之妻。把丈夫一個人留在漆黑世界

裡，豈不是太殘酷、太無情了？

盲女回到家裡，沒有遵從醫囑點眼藥水，也沒有如約接受治療。她讓復明之火在時光的默默流逝中自行泯滅。

丈夫渴望復明，情緒一直處於亢奮狀態中，他常向妻子描繪想像中的未來。盲女總是很認真地聽，有時還與丈夫一起想像，一起描繪。他們依戀如初，甜蜜依舊，在無光的意境中構築著獨特的兩人世界。

俗話說：「兩人一般心，無錢堪買金；一人一般心，有錢難買針。」、「兄弟和而家不分，夫婦和而家道興。」美滿的愛情和婚姻是人生最重要的結盟，是心靈、身體、魂魄和經濟的聯繫紐帶；幸福的家庭，是幫助人不斷走向成功的最佳「智囊團」。當一對夫婦心靈相通，奮鬥目標一致，思想行為相近，這樣他們就可以逐漸飛向無限的高峰。

伴侶是你永恆的動力和靠山，他（或她）會幫助你實現夢想，走向成功。把伴侶作為靠山，你就找到了人生的航向，擁有了成功的基石。

人生悟語

伴侶是歡樂時的開心島，是落魄時的避風港。依靠伴侶，在紛紜複雜的社會中為自己營造一個美好的空間，為你的心靈找到歸宿，精神得到寄託。

家庭——生命的港灣，愛的成長地

有句俗話說得好：「家和萬事興。」一個溫馨和睦、甜美幸福的家，會為你增添必勝的信心，做什麼事情都會如魚得水。

我們不能否認：幸福是一種愉悅的感覺，能使人心曠神怡、精力充沛。以智慧、和善的目光打量世界上的每個人及每件事物會使你心情愉快；悲傷或憤怒卻正好與之相反，會帶給人憂鬱、消沉，同時會大量消耗生命的能量。

家，是愛的成長地，是舒服與安全的港灣，是幸福與快樂的家園，但是，這些內在境界絕不可能憑空就有，而是需要家裡每個成員一起努力共同經營才會形成的。

如果每個人都帶著快樂和歡笑回家，那麼家裡自然充滿笑聲；相對的，如果每個人

都帶著煩惱與不愉快進來，家也必然會變得愁雲慘霧。把快樂帶回家，一家人都會高興，你的家庭就會成為快樂的港灣，你就能夠創造一個幸福的家庭。

一次，有事情要去一個朋友家，到他家門口時，看見門上掛了一塊精緻的木牌，上頭寫著：「把快樂帶回家。」看著木牌，感覺朋友的家人很有意思。進屋後，朋友及朋友的妻子笑臉相迎，他們的孩子大方有禮，非常懂事，頓時感覺整個屋內充盈著溫馨和諧的氣氛。出於好奇，就問起那塊木牌的由來，朋友的妻子笑著望向我的朋友：「還是你說吧。」朋友極其溫柔地看著妻子，說：「還是妳說吧，因為這是妳想出來的。」

「怎麼是我？應該說是我們共同的創意才對。」女主人甜蜜地說。

經過一番推辭，女主人展示了她的大方：「你不說，那我就說了。之所以想寫點東西提醒大家，是因為有一次回家，看見一電梯的人都是疲憊不堪的樣子，緊擰的眉毛，下垂的嘴角，煩愁的眼睛……把我自己嚇了一大跳，於是，我開始想，當孩子、丈夫面對這樣愁苦暗沉的面孔時，會有什麼感覺？假如我面對的也是這樣的臉孔時，又會有什麼反應？接著，我想到孩子在餐桌上的沉默、丈夫的冷淡，這些在原先認為是他們自己出了問題的背後，是不是隱藏了我所不了解的原因，想來想去，覺得還是自己做的不夠好……當晚我便和他好好談了我的想法，他也同意我的想法。第二天就寫了一方木牌釘在門上，結果，被提醒的不只是我而是一家人。看看現在整棟樓的住戶比以往和氣多了。」

依賴是許多人常有的弱點，自己辦不到的事，往往寄望別人，尤其是最親近的人。表現在家裡，每個人都希望別人給予尊重、體貼、照顧、了解以及關心，而很少去想「我」為這個家帶來了什麼。家庭中的愛與關懷應該是相互的，要做到這一點，就必須與家人經常溝通。溝通，對家人而言是絕對必要的，有話坐下來好好講，講開了，互相理解了，也就好了。另外，多想想如何共同營造良好的家庭氛圍，對每個家庭成員來說，都是十分重要，十分必要的。

家和萬事興。這裡的「興」不僅是我們的工作與事業，還包括我們每天的心境。畢竟，家是一個人待的時間最長的地方，只有保證這裡的溫馨氣氛，我們才能真正地感受到生活的幸福，進而將我們的工作和事業推向成功。

人生悟語

家庭是生命的港灣。一個沒有家庭的人，如同大海中的一葉孤舟，永遠掌握不住自己前進的方向。不過，假如在充滿猜忌與暴力的家庭中生

存，你也得不到真正的幸福。只有幸福快樂、和諧融洽的家庭，才能為你的事業帶來好運。

愛本身就是一座靠山

有這樣一個故事：

像往常一樣，中午午餐，小欣又去了那家小吃店，點了一碗麵。剛吃了幾口，這時進來一對中年夫婦，男人有一隻眼睛看不見了，身後背著一把二胡；女人是個盲人，在男人的攙扶下，摸索著坐到小欣對面的椅子上。

「大概是個賣藝的吧。」小欣想。

「大碗米粉，兩份。」男人將二胡靠在牆角。

剛坐下來，男人又起身去拿筷子，順便付了錢，又向店員說了幾句什麼。

一會兒，米粉送上來了，卻是一大一小兩碗。男人仔細地將米粉拌勻，然後將大碗遞給女人。

女人吃了兩口問：「你呢？」

「我也是米粉，大碗的，足夠了。」

小欣有些吃驚——

「這種不是大碗的。」坐在小欣旁邊的一個小孩忽然說。

他一定以為，這個叔叔弄錯了，卻付了大碗的錢。

中年男子並沒有抬頭，繼續低頭吃著。

「叔叔，你吃的這種不是大碗的。」小男孩以為他沒聽見，重複道。

中年男子慌忙抬頭，朝男孩擺擺手。

「多嘴！」小男孩的母親厲聲呵斥。

「本來就是嘛。」男孩一臉委屈。

正在吃米粉的女人停了下來，側著頭仔細辨別聲音的方向，她的臉輕輕地抽搐了一下。

吃完米粉，他們攙扶著走出了小吃店。

小欣被這一對盲人夫婦感動了，默默地走在他們後面。

「今天吃得真飽。」男人說。

女人沉默了一會兒——

「你不要騙我了，你吃的是小碗，你一直瞞著我。」女人失聲哭了起來。

「我不餓，真的不餓，妳……妳別這樣，路人看見了多不好……」男人有些手足無措，扯起衣袖為妻子擦淚。

小欣看著他們，淚水溢滿了雙眼。

再看下面這個故事：

他是個啞巴，雖然能聽懂別人的話，卻說不出自己的感受。她是他的鄰居，一個和外婆相依為命的女孩，她一直喊他哥哥。

他真像個哥哥，帶她上學，伴她玩耍，含笑聽她嘰嘰喳喳講話。他只能用手勢和她交談，可她能讀懂他的每一個眼神。從他注視她的目光裡，她知道他有多麼喜歡自己。

後來，她考上了大學，他便開始拚命地賺錢，然後源源不斷地寄給她。她從沒拒絕。終於，她畢業了，找到了一份工作。

然後，她堅定地對他說：「哥哥，我要嫁給你！」

他像隻受驚的兔子，逃掉了，再也不肯見她，無論她怎樣哀求。她說：「你以為我同情你嗎？想報答你嗎？不是，從十二歲時我就愛上你了。」可是，她沒有得到他的回答。

有一天，她突然住進了醫院。他嚇壞了，跑去看她。醫生說，她喉嚨裡長了一個瘤，雖然切除了，卻破壞了聲帶，可能再也講不了話了。病床上，她淚眼婆娑地注視著他。

於是，他們結婚了。很多年以後，沒有人聽他們講過一句話。他們用手、用筆、用眼神交談，分享喜悅和悲傷。他們成了相戀男女羨慕的對象。人們說，那是一對多麼幸福的啞夫妻啊！

愛情阻擋不了死神的降臨，他撇下她一個人先走了。人們怕她經受不住失去愛侶的打擊來安慰她。這時，她收回注視他遺像的呆滯目光，突然開口講話：「伴侶已去，謊言也該揭穿了。」

人們驚訝之餘，都感嘆不已，這是一份多麼執著的、深厚的、像童話一樣的愛呀！從此，她不再講話，不久也離開了人世。戀愛中的男女仍會拿他們當做談論的話題，他們常說，你聽過那對啞夫妻的故事嗎？

人生悟語

愛無需海誓山盟，愛不必書寫描畫，愛更不是掛在嘴邊，愛只在心裡，只在關心他人的實際行動中。在愛的王國裡，沒有任何的形式可以阻攔，無形無色，又無孔不入。因為愛本身就是一個宏偉的靠山。

父愛是我們生命的源泉

父愛如山，高大而巍峨，讓人望而生怯不敢攀登；父愛如天，廣大而深遠，讓人仰而心憐不敢長嘯；父愛如河，細長而源源，讓人淌而不敢涉足。父愛是深邃的、偉大的、純潔而不可回報的，然而父愛又是苦澀的，難懂的、憂鬱而不可企及的。

在喬治的記憶中，父親一直就是瘸著一條腿走路的，他的一切都平淡無奇。所以，他總是想，母親怎麼會和這樣的一個人結婚呢？

一次，市裡舉行中學生籃球賽，喬治是隊裡的主力，他找到母親，說出了他的心願：他希望母親能陪他同往。母親笑了，說：「那當然。你就是不說，我和你父親也會去的。」他聽完搖了搖頭，說：「我不是說父親，我只希望妳去。」母親很是驚奇，問：

「這是為什麼?」他勉強地笑了笑，說:「我總認為，一個身障站在場邊，會使得整個氣氛變得不對勁。」母親嘆了一口氣，說:「你是嫌棄你父親了?」父親這時正好走過來，說:「這幾天我得出差，有什麼事，你們自己商量好就好了。」

比賽很快就結束了，喬治所在的隊得了冠軍。在回家的路上，母親很高興，說:「要是你父親知道了這個消息，他一定會放聲高歌的。」喬治沉下了臉，說:「媽媽，我們現在不提他好不好?」母親接受不了他的口氣，尖叫起來，說:「你必須要告訴我這是為什麼?」喬治滿不在乎地笑了笑，說:「不為什麼，就是不想在這時提到他。」母親的臉色凝重起來，說:「孩子，有些話我本來不想說，可是，我再隱瞞下去，很可能就會傷害到你的父親。你知道你父親的腿是怎麼瘸的嗎?」喬治搖了搖頭，說:「不知道。」母親說:「你兩歲時父親帶你去花園裡玩。在回家的路上，你左奔右跑。忽然，一輛汽車疾馳而來，你父親為了救你，左腿被碾在了車輪下。」喬治頓時呆住了，說:「這怎麼可能呢?」母親說:「這怎麼不可能?只是這些年你父親不讓我告訴你罷了。」

兩人慢慢地走著。母親說:「有件事可能你還不知道，你父親就是布萊特，你最喜歡的作家。」喬治驚訝地跳了起來，說:「妳說什麼?我不信!」母親說:「這件事其

實你父親也不讓我告訴你。你不信可以去問你的老師。」喬治急急忙忙地向學校跑去。老師面對他的疑問，笑了笑，說：「這都是真的。你父親不讓我們透露這些，是怕影響你成長。但既然你現在知道了，那我就不妨告訴你，你父親是一個偉大的人。」

兩天以後，父親回來。喬治問父親：「你就是大名鼎鼎的布萊特嗎？」父親愣了一下，然後就笑了，說：「我就是寫小說的布萊特。」喬治拿出一本書來，說：「那你先幫我簽個名吧！」父親看了他片刻，然後拿起筆來，在扉頁上寫道：贈喬治，生活其實比什麼都重要。布萊特。

多年以後，喬治成為一名出色的記者。當有人讓他介紹自己的成功之路時，他就會重複父親的那句話：生活其實比什麼都重要。

隨著慢慢長大、成熟，我們會逐漸明白很多以前不曾發現的真情與關愛。當然這需要我們從生活中去發現，去體會，因為生活比什麼都重要。

父愛是人一生中最永恆的太陽，他總是對子女充滿信心和希望，永遠用愛的光芒滋潤著兒女的心房。

百善孝為先，父親給了我們無私博大的愛，我們要以孝順的心對待父親。無論何時何地，父愛無處不在，這是我們生命的源泉。

人生悟語

世界上有一種愛，如同陽光一般永恆，像崇山峻嶺一樣堅固偉岸，這就是偉大的父愛。父親給予我們的愛，是我們一輩子都還不清的，也是無法償還的，但需要我們永遠銘記。

兒女是父母最大的依靠

你的消息，你的問候，是做父母的得以安心的依靠。

有一封信，相信你讀過之後，一定會感慨良多。

「親愛的爸爸媽媽：我最近很忙□，一般□，空閒□；我的功課優秀□，中等□，差□；最近一次考試成績九十分以上□，六十分以上□，不及格□；身體很棒□，有一點不舒服□，很不好□；我準備在暑假□，寒假□，明年□回家……」這封信的最後一段話是這樣寫的：「孩子，我們知道你沒有時間寫信回家。現在，請你花一點點時間，在後面的空格裡選擇你目前的狀況，畫個『√』，寄回給我們。信封我們已經寫好並貼了郵票，隨信附上。孩子，我們老了，不知道還有多少時間，不要讓我們久等。非常想

念你的爸爸媽媽。」

現在，想必你已明白這究竟是怎樣一封信了。透過這封不尋常的家書，我們似乎能看到白髮蒼蒼的父母殷殷企盼的眼神。他們知道子女們忙於課業、事業或是生意，他們並不奢望子女們常回家看看，他們需要的僅僅是溫情的牽掛和問候，哪怕隻言片語，對於他們，也是莫大的慰藉。

我認識一對老人，他們唯一的兒子在遙遠的城市裡工作。這對行動不便的老人平日裡最關心兩件事，一是每天都會按時守在老舊的黑白電視機前收看天氣預報，密切關注兒子所在城市的氣候變化；另一件事就是每日黃昏時分，他們總會坐在村口的老槐樹下，等村裡的郵差。有兒子來信的日子，是他們最高興的日子。兩位老人不識字，他們有時會找村裡認字的人代念；找不著的時候，他們就一遍遍地摩挲信紙，心裡同樣是充盈著滿足。

許多時候，我們因為懶惰或是一心追求名利，慢慢忽略了親情，忽略了一日比一日年邁的父母，忽略了雙親望眼欲穿的牽掛。千金散去還復來，親情逝去永不返。年輕時我們總以為來日方長，卻忘記了父母已經遲暮。說不定哪天，我們正為一次賺錢的機會而忙得天昏地暗的時候，卻驚悉自己永遠失去了至愛的親人。所以，天下的兒女們，找個空閒時間，常回家看看吧！或是認真地寫封信，告訴雙親：好想你們！這些許的點滴將會使他們獲得很多的慰藉和滿足。否則，「子欲養而親不待」，是世上最痛徹心腑的愧疚和遺憾。

「家書抵萬金」，兒女是父母的最大依靠。其實他們的要求很低，隻言片語足矣。父母給予我們的愛是我們一輩子都還不清的，也是無法償還的，但需我們永遠銘記。

人生悟語

父母之愛是最平凡而又最偉大的。在父母的眼裡，我們永遠都是他們的好孩子，他們的心肝寶貝！他們的愛猶如春雨一直滋潤我們成長，是做兒女的我們一生受用不盡的依靠。

母親是不求回報的「佛」

世界上有兩種愛最值得你珍視——父愛和母愛。如果說父愛是博大的，母愛則是

無私的。父愛是永恆的太陽，那麼母愛就是你一生的財富。

一位外國詩人說：「偉大的母愛永遠是孩子安全的庇護所，她是孩子長大成人強大的保證！」是啊，如果一個人不享受母愛陽光的普照，他的生命品質真的是不堪設想。

母愛是一處港灣，讓我們遠離風浪，享受安寧。

母愛是指路的明燈，讓我們看清了前進的方向，獲得信心。

母愛是雪中的炭，給我們溫暖；是飢餓時的麵包，給了我們充實；是孤獨時的親情，給了我們慰藉；是失敗時的鼓勵，給了我們信心。

母愛是遊子聽到的思鄉曲，心總是被故鄉所牽；母愛是連接風箏的線，永遠不要飛得太遠。

對於這深沉的、偉大的、無私的母愛，我們更應該去懂得珍惜，懂得回報，趕快為自己的母親盡一份孝心吧。也許是一處豪宅，也許是一片磚瓦；也許是大洋彼岸的一隻鴻雁，也許是近在咫尺的一個口信；也許是一頂純黑的博士帽，也許是作業簿上的一個好成績；也許是一桌山珍海味，也許是一粒野果一朵小花。也許是繁華美麗的衣裳，也許是一雙潔淨的球鞋。也許是數以萬計的金錢，也許是一枚含著體溫的硬幣……在

母親是不求回報的「佛」

「孝」的天秤上，它們等值。

一隻母羚羊為救小羚羊，在跨越峽谷時，母子同時跳起，但在彈跳的一剎那母親放慢了速度，幾乎只用了和小羚羊相當的力量。母親在空中先於小羚羊下降，小羚羊穩穩地落在母親的背上，以此作為第二次支點跳起，順利到達峽谷對面，而牠的母親卻無力第二次跳起，落入深谷摔死了。這一幕感動了一個盜獵者，他跪倒在地，含著淚把罪惡的獵槍扔進了山谷。

是什麼支持著小羚羊跳過山谷？是偉大而無私的母愛，讓藏羚羊選擇犧牲自己，保護兒女。物尤至此，人何以堪！

母親是佛，但她沒有憐憫，沒有施捨，甚至不求一束香火，不需一次祈禱。她只是像蠟燭一樣燃燒自己的生命，為我們的一生照明道路。

母親的言傳身教，時時刻刻都能影響你的思想和行為，幫助你樹立正確的行為準則和人生準則，並讓你一步步走向成功。

鄭善果是隋朝有名的大臣，為官勤謹公正，以清廉節儉著稱。鄭善果的這些優良品德是與他母親的諄諄教誨分不開的。

鄭善果的母親是清河（今中國山東省臨清市）崔家的女兒，十三歲時，嫁給鄭善果的父親鄭誠。後來，鄭誠在與尉遲迥的叛軍交戰時戰死在沙場。鄭善果的母親年紀輕輕就開始守寡，母子二人相依為命。鄭誠因為是為國而死，朝廷對他的家屬照顧。鄭善果剛剛成年，朝廷任命他為魯郡太守，負責一郡的事務。

鄭善果的母親賢淑開明，從小涉獵經史，通曉治國方略。每當鄭善果出堂處理事務時，其母總是在後堂探聽察看。鄭善果如果處理得當，母親非常高興，兒子回來後母子二人相對會談笑一番。一次，鄭善果無故對屬下任性使氣，母親非常生氣，在家裡蒙著被子哭泣，連飯也不吃。鄭善果處理完公務後，跪在母親床前不敢起來。母親對他說：「我並不是對你生氣，而是為你們鄭家感到慚愧。你父親是何等忠誠勤勉之人，在職任官時公正廉潔、認真負責，後來為國捐軀。我一直期待你能繼承父親遺志，不辜負他對國家的一片忠心。我一直擔心的是，你幼年喪父，我又是一個婦道人家，對你的教育慈愛有餘而威嚴不足，致使你妄自尊大，任性使氣，以驕縱為樂，處事失去公正。如果你老是這樣，不思悔改，不但遺失家風，還會有損於朝廷法度。要是你因此丟官棄爵，自取罪責，我死之日有何面目去見你父親？」鄭善果聽了，痛哭流涕，發誓再也不敢了。

由於鄭善果依靠母親的言傳身教，樹立了良好的品德和作風，終於成為一個兢兢業業、清廉節儉的清官。

我們每一個人從「呱呱」墜地的那一刻起，就受到母親的言傳身教，母親把全部的心血與汗水傾注在子女的身上，而不計一絲報酬。

一個人要想成功，就離不開母親平時的諄諄忠告。母親的忠告是你通向成功之路的精神糧食，也是你一生必不可少的無價之寶。

人生悟語

你上學的小書包有人為你拿，你離開家鄉時有人在牽掛，你躺在病床上有人掉眼淚，你露出笑容時有人笑逐顏開，這個人就是母親。是母親給了我們生命，給了我們一個溫暖幸福的家。

堅實的後盾使你擺脫平庸

心由境造，境由心生。心冷了，太陽都不再溫暖；心熱了，冰雪也會融化。

心裡有家的人，永遠不會消沉。

經歷了大學入學考試，我並沒有取得自己夢想中的好成績，儘管分數還說得過去，但只能進一所不起眼的大學。

經過半個年頭，我終於放了寒假。在家裡的時候，父親向我問起了大學生活，我告訴他說：「其實真的很無趣。」

我的父親是個鐵匠。他聽了我的話後，臉上一直很驚愕，沉默了半晌之後，轉過身用他那粗大的手拿起了一把大鐵鉗，從火爐中夾起一塊被燒得通紅通紅的鐵塊，放在鐵墊上狠狠地錘了幾下，隨之丟人了身邊的冷水中。

「滋」的一聲響，水沸騰了，一縷縷白氣向空中飄散。

父親說：「你看，水是冷的，然而鐵卻是熱的。當把熱的鐵塊丟進水中之後，水和鐵就開始了較量——它們都有自己的目的，水想使鐵冷卻，同時鐵也想使水沸騰。現實中，又何嘗不是如此呢？生活好比是冷水，你就是熱鐵，如果你不想自己被水冷卻，就得讓水沸騰。」聽後，我感動不已，樸實的父親竟說出了這麼飽含哲理的話，讓我真的深受感動。

第二學期開始了，我反省自己，並且不停地努力，成績終於有了一點起色，內心也開始一天天地豐富充實起來。

沒人喜歡挫折，沒人願意奢望多而收穫少。但是，當你本能地去生活、去追求幸福時，你的主要目標之一就是最大限度地減少挫折、增加歡樂。

當你面臨著眼前和長久兩種選擇時，勸你莫為前者而犧牲後者。

比如你想找個新工作，卻拖延著不去面試。你可以為自己定一個每週至少進行若干次（如五次）面試的目標，然後保證達到這個數目。你若能完成這個計畫，不僅不會再繼續拖延，而且還會打消對面試的錯誤看法。

比如，你也許相信：你進行面試的能力差；不能忍受自己在這方面的無能；即使得到新工作也可能做不好；做不好就會感到羞恥；不能忍受安排和進行面試的麻煩。然而，你只要強迫自己每週試五次就會不知不覺地自動駁回這些假想，並會徹底改變它們。

不僅如此，你在進行面試的同時還可以自我安排心理作業，有意識地對自己的觀念進行挑戰。要反駁那些荒謬的看法，你可以問自己這樣一些問題：「何以證明我的面試就一定會失敗？即使對此缺乏經驗，我就成為無能的人嗎？找到新工作後我肯定做不好嗎？做不好就可恥嗎？就算面試很麻煩，我為何不能克服這些困難呢？」

若能自己規定這兩項作業，克服不願行動的惰性和用來支持這種惰性的觀念，你就

能很容易地投入行動並放棄以往的荒謬想法。

有一種特別的行為約束法可用來克服拖延習慣，它透過強化獎勵和懲罰兩種手段來幫助你解決問題。

如果你著手去完成被拖延的工作，承擔起因拖延帶來的後果，那麼，由此得到的批評或感到的痛苦就會比預料的少而不是多。須知，你長時間地拖延一項任務，往往會阻礙他人的工作，為人帶來種種不便。此時你往往出於擔心他們問你拖延的起因，而不得不找藉口。一般來講，你最好勇於面對他人的不滿，而不要繼續用拖延的方法來「消除」這種不滿。

一項工作若涉及到別人，你越拖沓就越難辦，你最好這樣想：「因我的拖延而受害的人可能會瞧不起我，但我應把他們的反應當做非常令人抱歉而不是非常可怕的事情。我既然不想讓他們反對我，乾脆下定決心停止這種既愚蠢又自損的拖延習慣算了！」

最好能想辦法找件具有吸引力的事情作為完成那項費力工作的獎賞，盡量爭取不花太多時間制定不太可能執行的計畫。例如，一個人總愛規劃工作，但從不按計畫行事。他養成了計劃而不行動的習慣，後來他強迫自己在固定時間進行固定工作，養成按規畫行事而不拖延的習慣，這種方法終於解決了他的問題。

有些人因為預先有行為目標，所以能在任何環境下有效地進行工作。可是社會上大多數人做不到這一點。你如果很容易受環境影響而分散注意力，為何不想辦法改變現有環境呢？

有些人在安靜的環境中工作得會更好，有些人喜歡邊工作邊聽音樂，有些人則喜歡和周圍的人一起做，也有些人喜歡獨自一個人做。不管你在哪種環境下，都要想辦法去創造或尋找那些工作效率最高，能促進工作的良好環境。

如果你還能感覺到時間在流動，世界萬物在變化，那麼你就不應該是個拖延者，因為你正在被無情地剝奪你所有的一切。

人生悟語

如果你不想被平庸無色的生活「冷卻」了你的鬥志，你就得用生命的熱情與辛勤的汗水把這盆冷水煮沸。當你消沉時，你不妨求助於家庭的溫暖。

拄著愛的拐杖，繼續前行

失戀這兩個字現在說來平淡，當時卻那樣鞭打著我柔弱孤獨的心！未曾在情場打過滾，真誠地愛了那麼久，愛的世界卻在一夜間崩毀，一時間只覺得天也負我，地也負我，我的心承擔不起這嚴酷的事實。雖然少年維特的時代早已過去，我還是多次想到了那個冷冰冰的字。

誰知真的想死，心中卻又有那麼多放不下的牽掛。

那天早上，我強忍內心的波動問母親，假如現在有五萬元，她最希望拿來做什麼？母親正在盛飯，她那時已是發福的年紀，彎腰顯得很吃力，她快樂地直起身來問我，是否中了頭彩，接著不假思索地說，最想要一套簡單的系統廚具。它們在百貨公司的展示區裡，美麗而乾淨，母親下班路過常去看，像看自己寄放在別人那裡的孩子一樣，盤算著想要它已經很久了。我忍著淚轉過頭去問父親，父親很紳士，即便早餐時也穿戴得整整齊齊，頭髮一絲不亂。他仔細地想了一想，然後說希望買一小張床，那種柔軟舒適的席夢思床墊。當年父母結婚時，只有一張木板床就承載了他們所有的幸福，今年十二月，是他們結婚二十年紀念日，他想要一小張床以紀念他們美滿的婚姻。

我的臉埋在溼熱的毛巾裡，很久很久都抬不起來，並沒有中什麼彩，那十萬元是我身上微薄的積蓄，本想替父母一人買一件心愛的東西，盡我最後一點孝心，但是聽了父母充滿愛的回答，哪裡還狠得下心去毀滅生命，甚至連動一動這個念頭都是莫大的不孝。假如我真的死了，父母失去了心愛的女兒，身心蒙受巨大的哀痛，生活還有光明和快樂可言嗎？母親的廚具，父親的新床，對他們還有什麼意義呢？哪怕不為別的，只是為了父母，我也要堅強起來，勇敢地活下去。我這樣想。

為了排遣胸中的鬱悶，我決定外出去旅行，走進大自然，讓南方的太陽撫平我心中的傷口。我選擇了西雙版納，那是一個神話一樣美麗遙遠的地方，是我童年時就一直夢想去的地方。也許是為了讓我了卻童年的夙願，父母沒有表示反對，儘管一個女孩孤身出遊千里以外，他們是多麼的不放心，殷殷的囑託，深深的叮嚀，一次又一次在我心頭激起漣漪。臨行那天，我躲在被子裡不敢起來，怕和他們告別。耳邊聽得父親的腳步聲遠去，折回來了，又去了，屋子裡終於安靜下來，我慢慢地從床上坐起來，將下巴擱在膝蓋上，若有所思。這時，我看見桌子上放著一個杯子，底下壓了一張紙條和一疊錢，拿起紙條，父親端正雋秀的字跡便映入我的眼簾——替妳的幸福之杯裡再加上一滴。

很久以後，我都一直記得這句話，記得這樣一個早晨，我所得到和醒悟的：記得世

界上無與倫比的親情，給了我那樣的溫暖。那個早晨我收拾起簡單的行李，束起了飄揚的秀髮，瀟灑地來到機場，向所有送行的和即將出發的人發自心底的微笑。我知道這次回來後再站在這裡的將不再是過去的我了，而是一個溫和、明朗、快樂，懂得伴侶也熱愛生活的好女孩。

感謝父母在我失意和遭受挫折的時候，遞過了一支愛的拐杖，扶我走過了這段孤獨的旅程。

人生悟語

在這個世界上，當你最失意和軟弱的時候，唯有你的父母伸出溫暖的援手，伴你度過最艱難的歲月。父母是你最堅實的依靠。

家有賢妻自有福

有人說，男人在一定意義上是女人造就的。那麼，唐太宗的皇后長孫氏可謂是這方面的典範。「玄武門之變」時，她幫助李世民精心籌劃，事後規勸李世民以撫為主。身為後宮之主，她身體力行，崇尚節儉。對待皇子、公主，她諄諄教誨，愛而不溺。每當太宗有過之時，她細心規勸，做到「忠言順耳」。

在封建社會，女人似乎是男人的附屬品，歷史並沒有她們的舞臺，長孫皇后則以其優秀的品行，溫柔、克己、大公無私的品德塑造了一個母儀天下的形象。

長孫皇后是一個美貌、才華出眾的女人，但她更可貴之處是她的品德。幫助丈夫成事、教子成才、勤儉持家，待人接物謙恭有禮，居高位而克己正身……正因為如此，她的品德讓後人敬仰。

自古皇宮佳麗無數，皇帝都好色風流，嬪妃帝后的生死、更迭在皇帝眼中是平常的事，然而長孫皇后絕非一般嬪妃帝后可比，她在李世民豐功偉績的一生中有著不可估量的影響力，因此李世民對她念念不忘。

李世民率領精兵猛將成功地發動了玄武門之變，一舉登上了皇位。長孫皇后沉穩、冷靜的個性在這次政變事件中初露崢嶸。

一個人的個性還能從一些生活瑣事中展現出來，下面我們再看看長孫皇后性格中節儉的一面。

玄武門政變，李世民除掉了太子李建成，李淵就順水推舟地把皇位讓給了李世民。功垂千秋的唐太宗自此登基，長孫氏也由秦王妃改封為皇后。

此時，百廢待興，長孫皇后雖身處皇宮，但她深知民生艱辛，便率先在宮中提倡節儉，平日的穿著打扮從不華麗，日常的用品也是僅僅夠用就行，不鋪張浪費，不講排場。而且，她的這種節儉行為，並沒有隨著國家經濟狀況的好轉而改變，一直到死，她仍注重節儉。

我們再說說長孫皇后的明禮聰慧。她非常尊重自己的夫君，但每當太宗有過時，她總會巧妙地進行勸諫。

唐初重臣房玄齡因一件小事被李世民免了官，這件事被當時正在生病中的長孫皇后知曉。她用極其微弱但卻清晰的聲音規勸李世民道：「玄齡事陛下最久，小心謹慎，忠心耿耿，當年的許多機密謀劃，都是他的功勞，並且從未向外人洩露過半句，像這樣的人，非因十惡不赦之罪，願陛下千萬不要輕易棄逐，不然數十年來追隨你的大臣都會寒心的。請陛下三思。」望著她期待的目光，太宗重重地點了點頭。

「自古聖賢都崇節儉，只有無道之君才大興土木、勞費百姓。妾這一生無益於人，死後也不必留害於世，但求入土為安。請陛下依山而葬，不必起墳，也無須棺槨，所需之物，都用木瓦，儉薄送終，就是陛下對妾的一片心意。」這便是一個皇后的遺言。

長孫皇后陰柔明哲、克己奉公的性格寫在「玄武門之變」中，寫在「貞觀盛世」上，寫在大唐江山上，更刻在盛唐老百姓心中。

人生悟語

「家貧思賢妻」，長孫皇后難能可貴的是身為皇后，助夫，教子，母儀天下。其實不論時代如何變換，一個成功男人的背後必定有一位忠賢的女人。

寬容，最幸福的靠山

寬容在婚姻和戀愛中十分重要，有一些戀人、夫妻之所以分手，都是和不能寬容別人有關。寬容是婚姻和戀愛中的潤滑劑，可以說沒有寬容就沒有愛情。

入伍三年的小張探親回到家，剛踏入家門，見父母沉著臉，失去了往日的笑容，人也彷彿蒼老了許多。妹妹心情憂鬱地站在旁邊，想說什麼，但看著爸爸和媽媽，欲

言又止。

小張放下行李，把妹妹拉到一旁，一再追問家裡發生了什麼事，妹妹才吞吞吐吐地說：「哥哥，你三年沒有回來，阿梅她……她……另有男朋友了。」

妹妹的話好似晴天霹靂，小張一下子癱坐在椅子上，他怎麼也沒有想到會發生這樣的事情。入伍三年來，自己沒有一天不想念她，深深的愛激勵著他刻苦訓練，可現在……小張心情煩躁極了，真想立刻找到她問個清楚。可他還是克制著屈辱和憤怒，他深知，維繫愛情的不是暴力，而是感情，真正相親、相知、相愛的感情。他想：「難道戀愛不成，就必然反目為仇、實施報復嗎？難道就沒有其他選擇嗎？」

時隔兩天，在經歷了一場理智與感情的激烈交戰之後，小張踏入了女友阿梅的家門。頓時，孔家的氣氛緊張了。小張卻不怨不恨不怒，心平氣和地對阿梅說：「阿梅，我理解妳的心情和處境，三年來，綠柳樹旁妳獨自徘徊，還要時常牽掛我。前一陣子發生的事情，雖然出乎我的意料，但細細想來又在情理之中。在戀愛上，妳有自由選擇的權利，我也不能強求。今後，有什麼困難需要我，儘管寫信告訴我……我們還是朋友，我們畢竟真誠地相愛過。」

一晃一年時間過去了，剛剛癒合失戀創傷的小張，萬萬沒有想到，已分手的女友阿梅又來信了。信中稱：「我恨自己當初為了那點可憐的虛榮心而隨『他』離開，後悔自己當初涉世不深，真假難辨去做那骯髒下流的『按摩』工作。現在，家裡人不理我，親友、鄰居見了我像躲瘟神似的躲著我，還有流言蜚語壓得我喘不過氣來。孤獨、寂寞、痛苦折磨著我，與其這樣活受罪，還不如死掉痛快。我對不起你，不能求得你的寬恕。在我彌留人生之際，向你表示深深的懺悔……」

小張看到這裡，一種不祥的預感襲上心頭。他想：她不是那種水性楊花的女人，只是經受不住大城市繁華生活的誘惑才走錯了路，更何況她現在迷途知返，懂得珍惜感情，不管作為戀人還是朋友，我都應該用高尚的情操去點燃她的人生之火。他又想：我這樣做有沒有必要？別人會怎麼議論呢？經過反覆思考，他把自己的想法告訴了長官。得到支持後，小張心急火燎地踏上了旅程。

家裡人見到他，大吃一驚。聽了他準備和阿梅結婚的想法後，父親立刻發火了：「什麼？你要和她結婚，你小子也不想想，當初她是怎麼待你的。你不要把張家祖宗的臉丟盡了。好馬不吃回頭草，你要長相有長相，要能耐有能耐，又不是討不到老婆。」

小張得到的不是支持而是激烈的反對。

「阿梅上了騙子的圈套，她是無辜的。她心靈的創傷，需要用溫暖的雙手和一顆火熱的心去撫平，激發她對生活的信心，我不能看著她去死！」沒有受到世俗羈絆的小張，真是吃了秤砣鐵了心。他對親友說：「儘管她名聲不好，但我愛她，你們愛怎麼說就怎麼說。」

他來到阿梅家裡，阿梅躺在病床上，已經被人為的各種流言折磨得不成樣子了。他向她傾吐了自己的心裡話後，阿梅向他哭訴了受騙經過後說：「小張哥，我欠你的感情很多，不配當你的妻子，你去另找一個人吧！看到你，我就心滿意足了。」

「不，感情這種事別人是代替不了的。當初妳提出分手，我也有責任，只怪我給妳的愛太少了。妳放心，過去我愛妳，現在和將來我一樣愛妳。」

不久，這對經歷了磨難的戀人，在鄉親們的讚揚聲和祝福聲中，終於結為伉儷。

小張對他的戀人確實十分寬容：當相愛三年的戀人背叛他時，他對她寬容；當她成為墮落的女人後又投向他時，他又對她寬容。這是別人不容易做到的，可是小張卻做到了。正因為他做到了，他終於得到了真正的愛情。對阿梅來說，小張是自己人生中最幸福的靠山。

人生悟語

大事要寬容，如上文中小張寬容他的女友。但小事更要寬容，不能認為小事只是小事，就不寬容。有一些家庭就是因為對小事不寬容，天天為小事吵吵鬧鬧，而引發家庭關係不融洽的。

第三章　朋友：人生的第三根「拐杖」

「千里難尋是朋友，朋友多了路好走。」古往今來，對於朋友的理解仁者見仁，智者見智。無論是兩肋插刀的勇敢，還是知音難覓的慨嘆，都足以見得朋友對於人生和成功的意義。有一個為自己兩肋插刀的好朋友不愧為人生的一大樂事。交友是人生重中之重，它關係著自己一生的成敗。把你的朋友當成靠山，成功之路就會變得更加順暢。

別忘了！朋友也是一座靠山

朋友是一本書，一雙手，一面鏡子……我們重視朋友，是因為他有比金子和生命還貴重的意義。

生活中，我們不能缺少朋友。多結交一個朋友就多一條路。在你最困難的時候，往往是你的朋友幫助了你；離開了朋友，你往往就會陷入無助之中。有「心眼」的你千萬別遠離了朋友，要知道朋友是你人生中一筆巨大的財富，是關鍵時刻拉你一把的靠山。

朋友，有時就是你自己。

有一個關於維克多連鎖店的故事。

維克多從父親的手中接過了一家食品店，這是一家古老的食品店，很早以前就存在而且已出名了。維克多希望它在自己的手中能夠發展得更加壯大。

一天晚上，維克多在店裡收拾，第二天他將和妻子一起去度假。他準備早早地關上店門，以便做好準備。突然，他看到店門外站著一個年輕人，面黃肌瘦、衣服襤褸、雙眼深陷，典型的一個流浪漢。

維克多是個古道熱腸的人。他走了出去，對那個年輕人說道：「孩子，有什麼需要幫忙的嗎？」

年輕人略帶點靦腆地問道：「這裡是維克多食品店嗎？」他說話時帶著濃重的墨西哥口音。

「是的。」

年輕人更加靦腆了，低著頭，小聲地說道：「我是從墨西哥來找工作的，可是整整兩個月了，我仍然沒有找到一份合適的工作。我父親年輕時也來過美國，他告訴我他在你的店裡買過東西，喏，就是這頂帽子。」

維克多看見年輕人的頭上果然戴著一頂十分破舊的帽子，那個被汗漬弄得模模糊糊的「V」字形符號正是他店裡的標記。「我現在沒有錢回家了，也好久沒有吃過一頓飽餐了。我想……」年輕人繼續說道。

維克多知道眼前站著的人只不過是多年前一個顧客的兒子，但是，他覺得應該幫助這個年輕人。於是，他把年輕人請進店內，好好地讓他飽餐了一頓，並且給了他一筆路費，讓他回國。

不久，維克多便將此事淡忘了。過了十幾年，維克多的食品店越來越興旺，在美國開了許多家分店，他於是決定向海外擴展，可是由於他在海外沒有根基，要想從頭發展也是很困難的。為此維克多一直猶豫不決。

正在這時，他突然收到一封從墨西哥寄來的陌生人的信，原來正是多年前他曾經幫過的那個流浪青年。

此時那個年輕人已經成了墨西哥一家大公司的總經理，他在信中邀請維克多來墨西哥發展，與他共創事業。這對於維克多來說真是喜出望外，有了那位年輕人的幫助，維克多很快在墨西哥建立了他的連鎖店，而且發展得非常迅速。

再來看看下面這個故事。

傑克．倫敦（Jack London）的童年，貧窮而不幸。十四歲那年，他借錢買了一條小船，開始偷捕牡蠣。可是，不久之後就被水上巡邏隊抓住，被罰去做勞工。傑克．倫敦偷偷逃了出來，從此便走上了流浪水手的道路。

兩年以後，傑克．倫敦隨著姐夫一起來到阿拉斯加，加入到淘金者的隊伍。在隊伍中，他結識了不少朋友。他這些朋友中三教九流什麼都有，而大多數是美國的勞苦人民，雖然生活困苦，但是他們的言行舉止中充滿了生存的活力。

傑克．倫敦的朋友中有一位叫坎里南的中年人，他來自芝加哥，他的辛酸經歷可以寫成一部厚厚的書。傑克．倫敦經常聽完他的故事便潸然淚下，而這更加堅定了傑克．倫敦心中的一個目標：寫作，寫淘金者的生活。

在坎里南的幫助下，傑克．倫敦利用休息的時間看書、學習。一八九九年，二十三歲的傑克．倫敦寫出了小說處女作《給獵人》，接著又出版了小說集《狼之子》（The Son of the Wolf）。這些作品都是以淘金工人的辛酸生活為主題的，因此，贏得了廣大中下層人士的喜愛，傑克．倫敦漸漸走上了成功的道路，他的暢銷著作也為他帶來了巨額的財富。

剛開始，傑克．倫敦並沒有忘記與他共患難同甘苦的淘金工人們，正是他們的生活給了他靈感與素材。他經常去看望他的朋友們，一起聊天，一起喝酒，回憶過往的歲月。

但是後來，傑克．倫敦的錢越賺越多，他對錢也越來越看重。他甚至公開聲明他只是為了錢才寫作。他開始過起豪華奢侈的生活，而且大肆地揮霍。與此同時，他也漸漸地忘記了那些朋友們。

有一次，坎里南來芝加哥看望傑克．倫敦，可傑克．倫敦只是忙於應酬各式各樣的

聚會、酒宴和修建他的別墅，對坎里南不理不睬，一個星期中坎里南只見了他兩面。坎里南頭也不回地走了。同時，傑克．倫敦的淘金朋友們也永遠地從他的身邊離開了。

離開了朋友，離開了寫作的源泉，傑克．倫敦的思維枯竭，他再也寫不出一部像樣的著作了。於是，一九一六年十一月二十二日，處於精神和金錢危機中的傑克．倫敦在自己的寓所裡服用過量的麻醉藥品結束了自己的一生。

人生悟語

我們扶過朋友的肩膀，肩膀是一種結實的依靠。俗話說：「一個籬笆三個樁，一個好漢三個幫。」每一個成功者的道路都灑滿了他人的汗水，一個人獨行是不可行的。

小心！友誼背後的騙局

人生在世，待人做事時不要過於簡單，輕信別人，輕率行動，而要既看到有利的地方和人性中善的一面，也要看到不利的方面和人性中惡的一面，居安思危，小心防範。

經濟活動的擴大，社會交往的增多，個人活動的輻射，使「朋友」在當代不能不被重視。俗話說：「多個朋友多條路。」其實「朋友」不僅是「路」，還是資訊，是聲勢，是捧月的眾星，是事業的橋梁，是躲難的法寶。當然同時也會令人頭痛。

「朋友」是兩彎相映的明月，講究的是肝膽相照，義字當先，可惜當今社會人們為「利」字所困。

如今的朋友確實像一些欺騙情感的騙子強盜！

朋友間合夥開店，集資開工廠，有幾個不是虧則起言語糾紛，賺則憤怒嫉妒的？

一次，張醫生在散步時，碰到一個叫阿鳳的女人心臟病發作。救死扶傷是張醫生的信條，她馬上進行搶救，在這之後，兩人自然結為朋友。阿鳳舉止文雅，常說要報救命之恩。一次，她對張醫生說自己所在的公司分給了她四張股票，一張股票二十萬元，依照公司發展情況獲利可達兩倍，並轉讓給張醫生兩張股票表示感謝之情。此等朋友、此等友情，張醫生深信不疑，立刻將四十萬元交給阿鳳。

隔年春節後，阿鳳又對張醫生說：「上次股利沒分，是因為公司用股利做了一筆大

生意，三個月後依照公司發展情況獲利可達三倍。因為是老朋友，親戚我都沒給，再轉讓兩張股票給妳，每張股票三十萬元。」張醫生又把父親積攢多年的六十萬元的積蓄交給阿鳳，阿鳳說她這個朋友很爽快，不久，又把她介紹給自己的兒子小李。

小李對張醫生說：「妳是我媽的朋友，我就算妳的乾兒子，我一定要在經濟上幫助妳。」

又說：「我和一個朋友合辦了一間山羊養殖廠，做羊皮出口的生意，年純利幾十萬元，妳是媽媽的朋友，我分價值十二萬元的股份給妳吧，半年賺四十萬元。」

張醫生難以辭謝，況且利大，她還是去借了十二萬元交給小李。

她天天盼著分紅來償還債務，想不到，七月的某一天，得到的消息是雙方的生意都虧了，張醫生只覺得五雷轟頂。

莫非阿鳳是騙子？不像，因為她的兒子小李又來了，晃一晃手裡一疊兩萬元的現金，還拿出一張一百一十萬元的欠條，說要去買一個價值不斐的古董，買了再回賣可得六百萬元，還張醫生後還會有多的。

人家舉債設法還錢嘛，張醫生再次為朋友之情感動，跟著小李去拿那價值不斐的古董。

誰知拿到手後，小李說有事要先走，小李走後她卻被腳踏車撞了一下，古董應聲粉碎。

到小李那裡去時，小李正拿著菜刀要她賠償古董，張醫生因此投資分文未得，還開了四百八十八萬元的欠條給小李。

張醫生在這之後便病倒在床上，並在病後向警察局報了案。

警察局說這是一種當前極其普遍的利用朋友對自己的信任，騙取朋友錢財的手段。

張醫生聞所未聞，她不懂朋友之道何以變得這樣險惡。

她本能地喃喃一聲：「既如此，人幹嘛還交朋友？！」

《莊子》中指出：「以利合者，迫窮禍患害相棄也。」意思是說，因利害關係相結合的人在遇困難逆境時，很容易背棄對方。相反地，「以天屬者，迫窮禍害相收也」，生活中朋友也是如此，有些人交朋友只知道利用別人，而自己卻很少為別人做些事情。這種朋友關係很難維持長久，因此，交友時一定要慎重，尤其是那些注重利害關係的朋友，交往時更要小心謹慎，保持距離。

人生悟語

近朱者赤，近墨者黑。交上益友，一生幸福；交上損友，一生禍害。朋友間不應以金錢財物為重，而要以道義相交、氣味相投、志趣相通為重。你要多與一些志向遠大、興趣相投、見識廣博、正直且誠信的人交朋友。

誠信——友誼的「保鮮劑」

以信待人，就是在人際交往中要講求信用、遵守諾言。一個成功者，是否具有講信用的聲譽，對他的發展是十分重要的。

人生在世，必誠必信。也就是要做一個堂堂正正的人，必須誠實守信。誠實是忠誠老實，言行一致；守信是必守信約，說到做到。

人無信不立。信譽是個人的品牌，是個人的無形資產。然而在現實生活中，「信」成了與危機相連的詞彙。人才的信任危機，商業的信譽危機，嚴重破壞了社會結構，造成人與人之間，人與社會之間，企業與企業之間的相互防備與猜疑，造成了嚴重的交易資本的損耗。

我們常說「君子一言駟馬難追」，講的就是人的信譽。一個沒有信譽的人，是為人所不齒的。現在的生意場上，公司、企業做廣告做宣傳，樹立公司、企業的公眾形象，就是想提高公司、企業的信譽。信譽高了，人們才會相信你，和你有來往，成交生意。不過，公司、企業的信譽得靠絕佳的產品品質、優良的服務態度來實現，而非幾句響亮的廣告詞，幾次優惠活動便可做到。人的信譽也是如此。交朋友也是如此。

古人交朋友，強調一個「信」字。在小孩子啟蒙讀物《幼學瓊林》中，有專門講交友的章節，而且有種種如：「心志相孚為莫逆，老幼相交日忘年」、「爾我同心日金蘭，朋友相資日麗澤」、「刎頸交，相如與廉頗；總角好，孫策與周瑜」，這些都是說關於友情的深厚，而誠信是深厚友情的源泉。

相傳東漢時，汝南郡的張劭和山陽郡范式一起在京城洛陽讀書，學業結束分手時，張劭站在路口，望著天上的大雁說：「今日一別，不知何年才能見面……」說著流下淚來。范式忙拉著他的手，勸說道：「兄弟，不要悲傷，兩年後的秋天，我一定去你家拜望老人，和你聚會。」

兩年後的秋天，張劭偶聞天空中一聲雁叫，引起了情思，趕緊回到屋裡對母親說：

「媽媽，剛才我聽到雁在叫，范式快來了，我們準備準備吧！」他的母親不相信，搖頭嘆息：「傻孩子，山陽郡離這裡一千多里路啊！他怎會來呢？」張劭說：「范式為人正直、誠懇、極守信用，不會不來。」他的母親只好說：「好好，他會來，我去準備點酒。」其實，老母親並不相信，只是怕兒子傷心而已。

范式果然在約定的日子風塵僕僕地趕來了。舊友重逢，十分親熱。老母親激動地站在一旁直抹眼淚，感嘆地說：「天下真的有這麼講信用的朋友！」范式重信守諾的事情為後人傳為佳話。

顧炎武曾以詩言志：「生來一諾比黃金，哪肯風塵負此心。」以表達自己堅守信用的處世態度和內在品格。講信用、守信義，它不僅展現對人的尊敬，也表現對自己的尊重。

在社交中，能主動幫助朋友的精神是可貴的。但要量力而行，不要「言過其實」的許諾，說話要掌握分寸。因為，諾言能否兌現不僅是個人努力的問題，它還有一個客觀條件的因素。平時可以辦到的事，由於客觀條件有了變化，一時又辦不到，這種情況是時常發生的，這就要求我們在朋友面前，不要輕率地許諾，更不能明知自己辦不到的事，還打腫臉充胖子，在朋友面前逞能，許下「寡信」的「輕諾」，當你無法兌現諾言時，不但得不到友誼和信任，反而會失去更多的朋友。

有位工廠主任在競選廠長演講中，許下一條諾言：保證在他的任期內，全廠幹部員工在生活福利、薪資待遇等方面會有較大幅度的成長。但等到他上任後，不用心管理工廠，沉迷於拉關係走後門，企圖以此來挽回工廠的生產效益，到了年終不僅員工的福利待遇未見改善，差點連員工的薪資也發不出來。因此，員工們再也不信任他，將他趕下了臺。

人生悟語

人與人之間的交往，往往都是建立在「信」的基礎上。誠信待人是一種美德，而且只有擁有這種美德的人才能感動別人，才能縱橫交際。反之，在社交上不以誠信待人，或許能獲得一時之利，一旦被揭穿，會連原有的都失去，這句話一點都不誇張。

平時多燒香，急時有人幫

好的朋友關係是創造靠山的基礎，但朋友關係的建立不是一朝一夕就能做到的，必須平時多聯繫，日久生「情」。

只有透過不斷的交流溝通，朋友關係才能牢固。情感投資，來日方長。關係結實，辦事無憂！

現代人生活忙忙碌碌，沒有時間進行過多的應酬，日子一長，許多原本牢靠的關係就會變得鬆散，朋友之間逐漸淡漠。這是很可惜的。萬望大家珍惜人與人之間寶貴的緣分，即使再忙，也別忘了溝通感情。

有位剛去美國的朋友來信說：「我們在那裡沒有什麼社交生活，我們難得去看看朋友，這當然是因為我們初到異地，認識的朋友不多，但後來我聽說，其他的人也一樣……」

「我們每星期工作五天，星期六和星期日都會和家人去郊外遊玩。」

「我們不能利用假期去探望朋友，因為一到假期，誰都不在家，除非朋友患病在床……」

「平時我們也不可能利用下班後的時間去看朋友，因為交通太擁擠。」

「但我們常常會和朋友通電話，這是我們唯一可以和朋友應酬的方法，我們沒事也打電話，哪怕只是寒暄幾句，或者講些無關緊要的事。」

「但有事情時，我們會立刻聚在一起的，比如說上星期我兒子肚子痛，我急忙打電話給朋友江醫生想辦法，他馬上開車從七十公里外趕來，初步診斷，確定他得了盲腸炎，就用他的車子送孩子進醫院做了手術……」

有事之時找朋友，人皆有之，無事之時找朋友，你可曾有過？

你有沒有這樣的經驗：當你遇到了困難，你認為某人可以幫你解決，你本想馬上找他，但後來想一想，過去有許多時候本來應該去看他的，結果都沒有去，現在有求於人就去找他，會不會太唐突了？甚至因為太唐突而遭到他的拒絕？

在這種情形之下，你不免有些後悔「閒時不燒香」了。

法國有一本書在教導那些有心在仕途上有所作為的人，書中寫道必須最少搜集二十個將來最有可能做總理的人的資料，並把它背得爛熟，然後有規律地、按時去拜訪這些人，和他們保持較好的關係，這樣，當這些人之中的任何一個當起總理來，自然就容易

記起你來，大有可能請你擔任一個部長的職位了。

這種手法看起來不大高明，但是非常合乎現實。一本政治家的回憶錄中提到：一位被委任組閣的人受命伊始，心情非常焦慮。因為一個政府的內閣最少有七八位部長，如何去物色這麼多適合的人，這的確是一件難事，因為被選中的人除了有一定的才能、經驗之外，最重要的一點，就是「和自己有些交情」。

和別人有交情才容易得人賞識，不然的話，任你有登天本事，別人也不知道。「平時不燒香，臨時抱佛腳」，「菩薩」雖靈，也不會來幫助你的。因為你平時眼裡沒有「菩薩」，有事才去找，「菩薩」怎麼肯成為你利用的工具！所以，你想請求「菩薩」幫忙，就應該在平時多燒香。

人生悟語

友情像沙漠裡的綠洲，要使它不蒸發消失，必須時時給予水分，保持滋潤，沒事多聯繫。

人生得一知己足矣

有這樣一句話：「父母兄弟是上帝給的，而朋友是自己選的。」的確，人的一生當中，會有很多的朋友，然而能夠擁有這神聖名字——知己，可能只有一個，或許有的人一輩子連這個唯一都沒有在生命中出現過，正所謂人生得一知己足矣……。

《周易．繫辭上》中說：「二人同心，其利斷金。」朋友之間同心協力，如同鋒利無比的刀劍，可以截斷金屬。孔子也說：「有朋自遠方來，不亦樂乎？」這裡所說的朋友，當然是指和自己志同道合的朋友，也就是孔子所說的「友直，友諒，友多聞」，即正直、誠實和有教養有學識的朋友。這類朋友都是從友愛之心出發，不過分苛求朋友，他們都能做到「己所不欲，勿施於人」，他們還能諒解朋友一時的過失和錯誤。同時，益友又是諍友，他們並不一味遷就朋友的過失和不足，自己認識到的真理，自己的學識，自己某些方面的美好品德，他們都會盡量幫助朋友涵養德行。

真正的朋友，相互尊重，不相互吹捧；往來頻繁，但不過分親暱；往來不多，也互相牽掛。

近代知名學者王國維是不可多得的才子，他博聞強記，智力過人，在甲骨文研究上

有卓越的成績，被賞識，並結為朋友，後來又成了兒女親家。王家貧窮，羅振玉出於把王國維當作賺錢機器的目的，常在經濟上接濟王國維。羅振玉收購大量的甲骨，讓王國維來考釋，但發表文章的署名卻都用羅振玉的名字，使他賺了大量的錢。而王國維最終由於經濟上的困難，壯年時投湖自盡。這都是交友不當害了他。

魯迅和王國維是同一時期的學者，由於魯迅交友慎重，結果截然不同。魯迅早年師從章太炎，後與蔡元培結下了深厚的友誼，又與許壽裳等學者、作家在事業上是互相切磋的好友。此外，還結交了許多朋友，如瞿秋白等人。

魯迅和瞿秋白在文學作品上經常合作。瞿秋白在自編的《魯迅雜感選集》序言中，對魯迅有著極高的評價。魯迅也在瞿秋白過世後，懷著悲痛的心情，帶病將朋友的遺言編成《海上述林》出版，並在前言引用的對聯中，把瞿秋白等朋友比作「知己」，並以有這樣的「知己」為人生最大的滿足。

郭沫若曾指出：「王國維之所以戛然止步，甚至遭到犧牲，主要是朋友害了他。而魯迅之所以始終前進，一直在時代的前頭，也未始不是得到了朋友的幫助。」魯迅之所以能成長，除了主觀上的原因之外，也得益於他身邊的那些良師益友。

在志同道合的基礎上建立起來的友誼，是萬古長青的，它經得起任何考驗。與人品高尚的人交朋友，結下的真摯友誼是使事業成功的推進劑。

人生得一知己足矣。知己者，即是從心溝通，事事相助，刻骨銘心的友誼，沒齒難忘。

和朋友相處一直保持著那份淡淡的清醇，如茶一般的品質，生活就像是一杯茶，不管是紅茶、綠茶還是花茶，也不管是高檔、低檔還是沒有等級，你都必須用心去品味，只要你細細地品嘗了，當到了茶盡杯空的時候，你才不會後悔。

朋友是人生中偶遇的夥伴，就像是兒時一起玩耍的夥伴一樣，瘋夠了玩累了，總要各回各的家各走各的路，而知己雖然不能天天見面，但卻時時保持著一種心靈上的默契。時間在流逝，各自在自己的人生航道上行駛著，在人生旅途中是永遠的同路人，也許有時並沒有並肩而行，可是放眼看去，知己永遠是和我們走在同一條路上的，我很珍視我的每一個朋友，我更珍惜我的知己，當然，知己是可遇不可求的。對朋友我是以誠相待的，對知己我則是以心相交的。

人生悟語

知己，就是當你一旦擁有時，你會希望他就是你一生一世的朋友。朋

友會因時間的阻隔使感情逐日變淡，而知己卻會在你最需要的時候，帶給你無盡的驚喜與感動。

千里難尋是朋友，朋友多了路好走

人的一生不能沒有朋友。然而，真正的朋友在於「人之相知，貴相知心」。天地之大，卻不是人人都能成為朋友。

「管鮑之交」是天下交友者所推崇的楷模。正因為鮑叔牙對管仲知人、知心，才有管仲「生我者父母，知我者鮑子」的感嘆。

「世無鍾子期，誰知心所屬」的俞伯牙，當懂聽琴音的鍾子期去世之後，善鼓琴的俞伯牙心裡究竟在想些什麼，便再也無人知曉其意了。於是，毀琴以示紀念。難怪古人要唱道：「不惜歌者苦，但傷知音稀」啊！

善良的人是最容易成為朋友的。朋友如酒，需要「儲藏」，「儲藏」的時間愈久，味道愈醇。但不是每個人都能品嘗出個中滋味。

有些朋友，猶如夏日裡的綠蔭，當你酷熱難熬時，他會帶給你一片清涼；有些朋友，好似寒冬裡的一團火，當你的心被淒風苦雨冷卻時，他會送給你無限溫暖；有些朋友，彷彿一劑苦口的良藥，雖難以下嚥，卻能醫治你身上的「頑疾」；還有些朋友，就像一面明亮的鏡子，當你身藏「汙垢」而自己又難以看清時，他會時時提醒你應該怎樣保持潔淨。故唐太宗以三鏡自勉：「以銅為鏡，可以正衣冠；以史為鏡，可以知興替；以人為鏡，可以明得失。」

當今社會，物欲橫流。傳統的思想正慢慢地被激進的潮流所侵蝕。有的人隨著社會的不斷變革而發生了心靈上的改變；有些人為了追求時尚而變得愈來愈市儈；更有甚者把追求金錢奉為圭臬，你如果過於貧窮，哪怕是再好的朋友，昔日之情也會隨著「孔方兄」的侵入而慢慢淡化。但無論怎樣，人有各自的追求和愛好，不同的性格與人品，造就了這個世界的五彩繽紛。我們不期待十個手指一般長，更不希望這個世界是千人一面。但有一點是相通的，那就是人不是孤立的存在，你生活在這個大千世界中，必須要與人交往，必須要有自己的同類。故此，誰擁有真正的朋友，誰就擁有幸福和安寧；而真正的朋友是不會嫌貧愛富的，你越是身陷困境，他（她）愈會用心去拯救，甚至奉獻生命。所以，我們要學會善待朋友，用真誠去換取真心。

有一則阿拉伯流傳的故事：兩個朋友在沙漠中旅行，途中他們吵架了，一個還打了

另外一個耳光。被打的覺得受辱，一言不發，在沙子上寫上：「今天我的朋友打了我一巴掌！」之後，他們又繼續走。經過一條河流時，挨打的差點淹死，幸好被朋友救起。到了岸上，挨打的用劍在石頭上刻下一行字：「今天我的朋友救了我一命！」朋友好奇地問：「我打了你，你卻把字寫在沙子上，為什麼現在要刻在石頭上呢？」挨打的回答說：「被朋友傷害時，要寫在易忘的地方，風會負責抹去它；如果得到朋友幫助，我們要把它刻在心靈深處，任何風都不會抹去它！」

這則故事告訴我們，傷害往往是無心的，幫助卻是真心的。忘記那些無心的傷害，銘記那些真心幫助過你的人，你就會知道朋友是多麼的重要！

善待朋友，貴在「誠信」二字，最忌當面說人話，背後說鬼話，充當可恥的「兩面」角色。

「大度」和「氣量」是善待朋友的兩劑藥方。真正的朋友不可能時時讓你「稱心如意」，有時也會因對你的誤解而說出一些不好聽的話；或者因為求他辦事卻難以如願時，難免會引起你「氣不順，心難平」。這時，你一定得設身處地為朋友想想，用理解好好丈量自己的「胸襟」，拿出「宰相肚裡能撐船」的大度，三思而後行，萬不可因一時之氣短而毀掉長期建立的友情。要知道，「萬兩黃金容易得，知己一個也難求」。如果是患難至交，一旦毀掉這份友情，等你明白之後，豈不是悔恨終身？

善待朋友還要懂得「寬容」二字，「不責人小過，不揭人隱私，不念人舊惡。」人非聖賢，孰能無過？無論是誰，都有做錯事、走錯路的時候，我們又何必斤斤計較，患得患失？親情之間尚且難免相爭相鬥，更何況朋友乎？

善待朋友，便是自己架設了一座通往未來的橋梁，同時也是為自己構築一個幸福的樓臺。無論你是高官還是一介平民，當得意時，別忘了「福兮禍之所伏」；當你沉淪時，也別忘了「禍兮福之所倚」。凡事都得為將來做些考慮和打算。人生命途多舛，誰也料想不到明天會發生什麼，但只要擁有真誠的朋友，你的面前便多了幾條坦途，又何須為自己的前途擔憂？

人生悟語

抹去世俗的偏見，學會與朋友坦誠相處。只要你懂得善待朋友的真正意義，你就永遠不會感到孤獨，心靈裡的天空就會永遠純淨、明亮！

雪中送炭，幫人的最佳機會

「患難之交才是真朋友」。這話大家都不陌生，有時候不用很費力地幫助別人一把，別人也會牢記在心，投之以桃，報之以李。

晉代有一個人叫荀巨伯，一次去探望朋友，正逢朋友臥病在床，這時恰好敵軍攻破城池，燒殺擄掠，百姓紛紛挈妻攜子，四散逃難。朋友勸荀巨伯：「我病得很重，走不動，活不了幾天了，你自己趕快逃命去吧！」

荀巨伯卻不肯走，他說：「你把我看成什麼人了，我遠道趕來，就是為了來看你。現在，敵軍進城，你又病著，我怎麼能扔下你不管呢？」說著便轉身幫朋友熬藥去了。

朋友百般苦求，叫他快走，荀巨伯卻端藥倒水安慰說：「你就安心養病吧，不要管我，天塌下來我替你頂著！」

這時「砰」的一聲，門被踢開了，幾個凶神惡煞般的士兵衝進來，衝著他喝道：「你是什麼人？如此大膽，全城人都跑光了，你為什麼不跑？」

荀巨伯指著躺在床上的朋友說：「我的朋友病得很重，我不能丟下他獨自逃命。」並正氣凜然地說：「請你們別驚嚇了我的朋友，有事找我好了。即使要我替朋友而死，我也絕不皺眉頭！」

敵軍一聽愣住了，聽著荀巨伯的慷慨言語，看著荀巨伯的無畏態度，非常感動，說：「想不到這裡的人如此高尚，怎麼好意思侵害他們呢？走吧！」說著，敵軍撤走了。

人們總是可以敏感地覺察到自己的苦處，卻對別人的痛處缺乏了解。他們不了解別人的需求，更不會花工夫去了解；有的甚至知道了也佯裝不知，大概是沒有切身之苦、切膚之痛吧。

雖然很少有人能做到「人飢己飢，人溺己溺」的境界，但我們至少可以隨時體察一下別人的需求，時刻關心朋友，幫助他們脫離困境，當朋友身患重病時，你應該多去探望，多談談朋友感興趣的話題；當朋友遭受到挫折而沮喪時，你應該給予鼓勵；當朋友愁眉苦臉，鬱鬱寡歡時，你應該親切地詢問他們。這些適時的安慰會像陽光一樣溫暖受傷者的心田，給他們希望。

人生悟語

人的一生不可能一帆風順，難免會碰到失利受挫或面臨困境的情

況，這時候最需要的就是別人的幫助，這種雪中送炭的幫助會讓他人銘記一生。

忠誠：友誼的源泉

聖經上說：「忠誠的朋友是無價之寶。」我們不能買到友誼，也不能用錢來衡量朋友的價值。忠誠的朋友，可以豐富我們的生活。

忠誠是友誼的源泉。對待朋友以誠相待，以良好的品格相待，就可以在自己與朋友之間架起心靈之橋，並在此基礎上合作共事。朋友之間若是沒有忠誠，友誼也不會長久。

忠誠，能在信賴的人們之間架起心靈的橋梁，透過這座橋梁，打開對方心靈的大門，並在此基礎上並肩攜手，合作共事。自己真誠實在，表露真心，對方會覺得你信任他，從而卸下猜疑、戒備的心，把你當作知心朋友，樂意向你訴說一切。心理學家認為，每個人的思想深處都有內隱閉鎖的一面，同時，又有開放的一面，希望獲得他人的理解和信任。然而，開放是有一定對象的，即是向自己信得過的人開放。以一個開放的心靈換到一位用全部身心對待自己的朋友，這就是用忠誠換來忠誠。

亞遜斯有一次來到阿爾卑斯山下，遇到了幾位天神，天神說：「亞遜斯，你有過朋友嗎？」亞遜斯回答說：「有，他愛我勝過愛你們。」這句話激怒了天神們，他們決定殺掉亞遜斯的朋友，便詢問這位朋友是誰。亞遜斯看出了天神們的用意，就閉口不談。天神們拿出了各自的寶貝引誘亞遜斯，許諾他將有一位美貌無比的妻子，成為一個威嚴的國王，等等。這一切都沒有打動亞遜斯的心。但神通無比的天神們還是抓到了亞遜斯的朋友，只是沒有立刻殺死他，對亞遜斯的話，他們並不十分相信，於是以同樣的手段去引誘亞遜斯的朋友，只要他同意背叛亞遜斯，他將得到他所要的一切：美色、財富、權勢。哪知這位朋友也和亞遜斯一樣，絲毫未動心。天神們既羨慕又慚愧，卻沒有一位天神去殺他們，並悄悄地將他們放下了山。亞遜斯說：「我們彼此忠誠、信任，沒有什麼比我們的友誼更重要。」

他們忠誠的友誼震驚了天神，為世人傳頌。而忠誠是友誼的標誌。對朋友的忠誠說明你對自己交友有了正確的認識，你對朋友的忠誠必然能換回朋友對你的傾心回報。

這是西方人對朋友忠誠的象徵，具有數千年歷史的中國，這方面的例子也很多。

白敏中與賀拔甚是好朋友，兩人一起到長安參加科舉考試。當時的主考官是王起。

王起知道白敏中出身望族，文才皆上品，十分賞識，有意取他為狀元。但又嫌他與貧寒的賀拔甚交往甚密，有些猶豫，便暗中派人去勸說，暗示他：「只要你不再與賀拔甚來往，就取你為狀元。」白敏中聽罷，皺起了眉頭，沒有答話。

恰好這時賀拔甚來訪，家人把他打發走了。白敏中得知，當場大發雷霆，立即把賀拔甚追了回來，如實地將情況告訴他，並說：「狀元有什麼稀罕的，怎麼也不能不要朋友呀！」說畢，命家人擺起酒宴，與賀拔甚開懷暢飲。

說客看在眼裡，氣在心裡，回去便一五一十地向王起匯報，並從旁慫恿：「這小子放不下賀拔甚，我們也別給他狀元。」誰知王起一反初衷，既取了白敏中，又取了賀拔甚。原來白敏中寧願要朋友也不要狀元的精神，感化了王起那顆浸透了世俗偏見之心。

忠誠的朋友會讓你自己選擇，不會干涉你的所作所為，他只會給你安全感，這種安全感來自忠誠的友誼。

人生悟語

忠誠可表現大地之真，充實天地之美，完成天地之善。有了忠誠，才見得天地之所以為天地，神明之所以為神明。忠誠為人性中第一美德，是立德、立言、立功的第一要素。

吃眼前虧，長線投資

在平時，多吃點「虧」做友情的長線投資，那麼將來的路會越走越寬。人情在同窗關係中的發揮的作用非常巨大。同學之間若能建立親密的聯繫，並逐漸加深關係，那麼你遇到難題時，同學就會調動自己的關係盡力幫忙。

姚崇是唐玄宗時期的宰相。在姚崇的同學之中，有一位叫張宗全的秀才深諳做人、為友之道的高手，並因此受益，被姚崇推薦成為三品高官。

一次，老師要姚崇與張宗全就某個題目做一篇文章，兩天之後交卷。他們回去後都精心做了準備，將自認為寫得最好的一篇交了上來。事有湊巧，姚崇與張宗全所寫的內容幾乎完全一樣，且觀點也相當一致。這如何不使老師為之惱火？沒想到自己門下最得意的兩個門生敢剽竊他人作品，這如何了得？

看到這種情況，姚崇據理力爭，聲明文章絕非剽竊。張宗全的作品也非剽竊他人，但為了平息老師的怒火，就對老師說：「前兩天與姚崇兄論及此題，姚兄高談闊論，學

生深感佩服，遂引以為論。」

老師聽到這番話，也知錯怪了兩位學生，就平息了心中怒火。事後姚崇心裡為此深感佩服，為張宗全的廣闊胸襟所感動。姚崇當宰相後，遂向唐玄宗推薦此人，唐玄宗在親自考核張宗全的才華之後，便封了他一個正三品官銜。

可見，同窗關係所發揮的作用是多麼的巨大！張宗全就很巧妙地運用了這個技巧，在一些較無關緊要的場合中，自己吃些小虧，做些讓步，送個人情給對方，使姚崇一輩子都記住這個人情，最後使張宗全獲得了一輩子的榮華富貴。

要想在同學中建立靠山，平時就應注意製造機會。往後，在自己有需要他人幫忙時也就有了一定的感情基礎。吃虧是福。大千世界，凡是有人群的地方，就難免有矛盾，有勾心鬥角。各種利害衝突，人不可能不發生摩擦。有君子，就有小人，有溫情，就有冷漠。以和為貴，不應欣賞損人利己、踩著別人肩膀往上爬的成功。如何在避免受到傷害的前提下與人和睦共處，是我們一直關注的問題。實際上，每個人只要把自己的事處理好，這個世界就會有很大的改變。所以我們強調不多舌、不多事、不結怨、忍者安。

寬容是友情的「保鮮劑」，也是朋友互為靠山的「凝結劑」。

禮儀——維護友情的良方

許多人交友常常涉及這樣的誤區：好朋友之間不需要講究客套。他們認為，好朋友彼此互相了解，親密無間，如同兄弟，講究客套太拘束也太見外了。然而，他們不知道朋友關係是以相互尊重為前提的，容不得半點干涉、強求和控制。彼此之間只有情趣相投，脾氣對味則合、交、反之，則離、絕。朋友之間再熟悉、再親密，也不能不尊重對方，不講禮貌，否則，默契和平衡將被打破，友好關係將不復存在。

充沛的感情能促進和諧深沉的交往，這種感情不是矯揉造作，而是真誠的自然流露。用禮儀來維護和表達感情是人之常情。

好朋友之間講究禮儀，並不是在一切情況下都過於講究禮儀。一味打躬作揖，則更加糟糕。朋友間的交往要恰如其分，不強交，不隨便，不面譽以求親，不愉悅以苟合。

朋友之間，在非原則問題上謙和禮讓，寬厚仁慈，但在大是大非面前，則應保持清醒，不能一團和氣。見不義不善之舉應阻之正之，如力不至此，亦應做到不助之。如果明明知道有人在行不義不善之事，卻因他是長輩、上司、朋友，即默而容之，這是自私。有時候，立定了腳跟做人，的確是會冒風險的，也可能會受到暫時的委屈，受到別人的不理解，但是這種公正的品德，最終會贏得人們的尊敬。

《說唐》裡鼎鼎大名的尉遲恭是一名莽勇的將軍，卻不知在唐史裡，也是一位以「和而不流」著稱於世的君子。

有一次，唐太宗李世民在朝間與吏部尚書唐儉下棋。唐儉是個直性子的人，平時不善逢迎，又好逞強，與皇帝下棋卻使出自己的渾身解數，把唐太宗的棋打了個落花流水。唐太宗心中大怒，想起他平時種種的不敬，更是無法控制自己，立即下令貶唐儉為潭州刺史，仍不覺解氣，他又找了尉遲恭來，對他說：「唐儉對我這樣不敬，我想借他以誡百官。不過現在尚無具體的罪名可定，你去他家一次，聽他是否對我的處理有怨言。若有，即可以此定他的死罪！」尉遲恭聽後，覺得太宗這種張網殺人的做法太過分，所以當第二天太宗召問他唐儉的情況時，尉遲恭只是不肯回答。反而說：「陛下請你好好考慮考慮這件事，到底該怎樣處理。」唐太宗氣極了，把手邊的茶杯狠狠地朝地下一摔，轉身就走，尉遲恭見了，也只好退下。

唐太宗回去後，一來冷靜後自覺無理，二來也是為了挽回面子，於是大開宴會，召三品官入席，自己則主持宴會並宣布道：「今天請大家來，是為了表彰尉遲恭的品行。由於尉遲恭的勸諫，唐儉得以免死，使他有再生之幸；我也由此免了枉殺的罪名，並教我以知過即改的品德，尉遲恭自己也免去了說假話冤枉人的罪過，得到了忠直的榮譽。因此賜尉遲恭綢緞千匹。」

唐太宗這樣做，當然是為了展現自己的「公正」；同時，他也感謝尉遲恭。假使尉遲恭真的按他的話去陷害唐儉而致其死，又安知唐太宗會「公正」起來，不治罪於尉遲恭呢？與朋友相處也是一樣，如果是真心待人，就應該對他加以愛護，不但要幫助他度過種種的難關，而且也要幫助他克服種種弱點，天長日久，朋友們自然會了解你的為人和品格，包括自己的上司和同事。

人生悟語

交朋友就像跳交誼舞，有進有退，你要時刻調整好彼此間的距離，透過溝通消除誤會，要在互惠、雙贏的基礎上平等相處，用禮儀來維護友

情，用友情來滋養友誼。只有這樣與朋友之間才能達到心靈的一致、目標的相同、言行的和諧、氣質的互補、事業的促進。

相信人，才能依靠人

信任是做朋友的基礎，沒有了彼此間的信任，就失去了做朋友的緣分。可見信任是多麼的重要。

西元前四世紀，在義大利，有一個名叫皮斯阿司的年輕人觸犯了國王。

皮斯阿司是個孝子，在臨死之前，他希望能與遠在百里之外的母親見最後一面，以表達他對母親的歉意，因為他不能為母親養老送終了。他的這一要求被告知了國王。

國王感其誠孝，決定讓皮斯阿司回家與母親相見，但條件是皮斯阿司必須找到一個人來替他坐牢，否則他的這一願望只能是鏡中花水中月。這是一個看似簡單其實近乎不可能實現的條件。有誰肯冒著被殺頭的危險替別人坐牢，這豈不是自尋死路。但，茫茫人海，就有人不怕死，而且真的願意替別人坐牢，他就是皮斯阿司的朋友達蒙。

達蒙住進牢房以後，皮斯阿司回家與母親訣別。人們都靜靜地看著事態的發展。日子如水，皮斯阿司一去不回頭。眼看刑期在即，皮斯阿司也沒有回來的跡象。人們一時間議論紛紛，都說達蒙上了皮斯阿司的當。

行刑日是個雨天，當達蒙被押赴刑場之時，圍觀的人都在笑他的愚蠢，那真叫愚不可及，像這樣幸災樂禍的人大有人在。但刑車上的達蒙，不但面無懼色，反而有一種慷慨赴死的豪情。

追魂炮被點燃了，絞索也已經掛在達蒙的脖子上。有膽小的人嚇得緊閉了雙眼，他們在內心深處為達蒙深深地惋惜，並痛恨那個出賣朋友的小人皮斯阿司。

但是，就在這千鈞一髮之際，在淋漓的風雨中，皮斯阿司飛奔而來，他高喊著：「我回來了！我回來了！」

這真是人世間最感人的一幕。大多數的人都以為自己在夢中，但事實不容懷疑。這個消息宛如長了翅膀，很快便傳到了國王的耳中。國王聽聞此言，也以為這是痴人說夢。

國王親自趕到刑場，他要親眼看一看自己優秀的子民。最終，國王喜悅萬分地為皮斯阿司松了綁，並親口赦免了他的罪。

這是一個真實的故事，不但感人，而且震撼人的靈魂。千百年來，有關朋友的解釋有千種萬種。其實只需兩個字，那就是「信任」。

人生悟語

人與人之間真的不能缺少信任，有時候彼此的信任，會讓一切變得更加美好。相信朋友，他才會真正成為你的「靠山」。

第四章　貴人：縮短你奮鬥時間的人

社會如同一張網，交織點都是由人組成，我們稱為人脈。貴人，就是人脈中連結的交織點。沒有貴人，你的「網」就無法伸展。貴人是你的「福音」。一個人想要成功，往往離不開貴人的鼎力相助。貴人所給予我們的一次扶助、一次機會、一句話甚至一個眼神，通常都不是我們用聰明、努力或者金錢可以替代的。因此，尋找貴人，依靠貴人，可以縮短你奮鬥的時間，指引你去往成功的捷徑。借貴人之勢能使你儘早得到提拔，讓英雄有用武之地。尋覓自己的貴人，並充分挖掘其內在的潛能，會為你的一生帶來好運。

精誠所致，貴門洞開

任何一件事情堅持久了都會有一個結果，而且往往是好結果，因為堅持本身就是一種能力的展現，做事情需要的恰恰是堅持的精神，所以古人云：「精誠所致，金石為開。」

有些貴人站得比你高。感化他只要聽他的意見，順從他的智慧；有些貴人站得比你低。感化他就得放下面子用誠心。有很多貴人，特別是地位比你低的貴人，他很有個性，你請他來幫你，他會很驕傲，坐如磐石，不為你言語所動。但真正成大事的人，懂得利用貴人的長處而不在乎貴人的短處，他會再而三的懇求對方幫忙為其創造價值。劉備得以三分天下，沒有三顧茅廬的誠心難以請到諸葛亮這位貴人。同樣，在現在社會中經商求財，如果看到才華橫溢的貴人，不能屈身懇求，那你就做不了大事。

大衛．史華茲出身寒微，十五歲就輟學自謀生路，但他有很強的進取心，小小年紀就立志要做一個大企業家，而且不露聲色地執行著自己心中的計畫。

十八歲那年，史華茲進入斯特拉根服裝公司做業務員。這是一家著名的時裝公司，史華茲在這裡工作，學到了很多東西，為他後來的事業打下了良好的基礎。

在斯特拉根時裝公司做了一年後，史華茲決定創辦一家服裝公司，開拓自己的事業。

史華茲和一個朋友合夥，用七千五百美元開辦起一家小小的服裝公司。公司雖小，但它是屬於自己的，這對於史華茲來說，無疑是非常重要的開端。

史華茲將全部精力都投人了這家名叫羅蘭奴真的服裝公司，在他的出色經營下，公司發展得很快，生意相當不錯。

不久後，史華茲又不滿足了，他認為，老是做與別人一樣的衣服是沒有出路的，必須有一個優秀的設計師，能設計出別人沒有的新產品，才能在服裝業中出人頭地。

然而，這樣的設計師到哪裡去找呢？

一天，他出外辦事，發現一位少婦身上的藍色時裝十分新穎別緻，竟不知不覺地緊跟在她後面。

少婦以為他心懷不軌，便轉身大聲罵他流氓。史華茲這才醒悟，覺得自己實在是太唐突了，連忙向少婦道歉和解釋。

少婦心中疑團解開，轉怒為笑，並告訴史華茲這套衣服是他丈夫杜敏夫設計的。於

是，史華茲心裡就有了聘請杜敏夫的念頭。

經過一番調查得知，杜敏夫果然是位很有才能的人，他精於設計，曾在三家服裝公司做過。他最近一次離開服裝公司的原因非常簡單：當他提出一個很好的設計方案時，不懂設計的店主不僅不予嘉許，反而橫挑鼻子豎挑眼，蠻不講理地訓斥了他一頓。自尊心極強的杜敏夫受不了這種侮辱，乾脆一走了之。

史華茲從小就自謀生計，飽受世態炎涼，對杜敏夫的遭遇很是同情，當即決定聘用他。

然而，當史華茲登門拜訪時，杜敏夫卻閉門不見，令史華茲十分難堪。

但史華茲知道，一般有才華的人難免會義氣用事，只有用誠心才能去感化他。所以他並不氣餒，一次又一次地走訪杜敏夫的家，幾次三番的要求見面。他這種求賢若渴的態度，終於使杜敏夫為之動容，接受了史華茲的聘請。

杜敏夫果然身手不凡，他建議採用當時最新的衣料——人造絲來製作服裝，並且設計出了好幾種頗受歡迎的款式。

史華茲是第一個採用人造絲來做衣料的人。由於造價低，而且搶先別人一步，盡占風光，公司的業務蒸蒸日上，在不到十年的時間裡，就成為服裝行業中的「大哥大」。

不用說，杜敏夫就是史華茲的貴人，如果沒有他的幫忙，史華茲公司的發展就要大打折扣，當然，史華茲是有「心機」的，他面對拒絕毫不氣餒，勇於放下面子，以堂堂老闆的身份幾次三番的請求見面。

人要想成就大事，就務必放下面子勇於求才為自己所用，如果這一點「心機」都沒有，貴人是不會出現在你面前幫你扶你的，孤單一人、光桿司令是永遠也不能成功的。

所以說成大事的人一定要明白：一個人的能力是有限的，無論是智力還是體力都有局限性，俗話說：「就算渾身是鐵，又能打幾顆釘？」如果只憑自己的能力，能做的事很少；如果懂得借助貴人的力量，就可以無所不能。憑自己的能力賺錢固然是「真本事」，但是，能借他人的力量賺錢，卻是一門高超的藝術。

人生悟語

人心都是肉長的，要得到貴人的相助，就得以真情、真心與貴人交往，這樣才能打動貴人，得到他的支持。

把自己送到「貴」人的面前

為了使顧客更容易接納自己的產品，許多推銷員會採用送貨上門的方法，同理，為了讓貴人更好地認識自己，不妨將自己送到貴人的眼前。

貴人是你堅實的靠山，只有向貴人充分展示你的才華，才能夠引起貴人的重視，你才會得到貴人的鼎力協助。機智靈活地展示自己的才華，你才會一步步走向成功。

盛唐時期，詩人王維想參加科舉考試，請岐王向當時權勢浩大的一位公主疏通關節，事先向主考官打聲招呼，照顧一下第一次參加科考的王維。可是公主早已答應別人，為另外一位叫張九皋的人打過了一次招呼。岐王也感到十分為難，他對王維說：「公主性情剛強，說一不二，想強求她改變主意幫你打招呼，實在不容易，我來幫你出個主意。你將你舊詩中寫得最好的抄下十來篇，再編寫一首悽楚動人的琵琶曲，五天以後你再來找我。」王維如期而至。岐王找出一身五顏六色的衣服，將王維裝扮成一名樂師，攜了一把琵琶，一起來到公主的府邸。岐王事先對公主說：「多謝公主予以接見，今日特地攜了美酒侍奉公主。」說罷便令人擺上酒宴，樂工們也都依次進入殿中。年輕的王維風度翩翩，引起了公主的注意，便問道：「這是什麼人？」

岐王道：「他是一個在音樂方面頗有造詣的人。」王維演奏了一首琵琶曲，曲調悽楚動人，令人擊節稱賞。這首曲子是王維自己創作的，他演奏起來自然得心應手。

公主非常喜歡這首曲子，於是迫不及待地向王維發問：

「這首曲子叫什麼名字？」王維馬上立起身來回答：「叫《鬱輪袍》。」公主對王維更感興趣了。岐王乘機說道：「這個年輕人不僅曲子演奏得好，還會寫詩，在詩歌方面至今沒有人能夠超越他！」公主越來越好奇了，趕忙問道：「現在手裡有你寫的詩嗎？」王維趕忙將事先準備好的詩從懷中取出，獻給公主。公主讀後大驚失色，說道：「這些詩我小時候經常誦讀，一直認為是古人的佳作，怎麼竟然是你寫的呢？」於是，讓王維換上文士的衣衫，坐入客席。王維風流倜儻，談吐風趣幽默，在座的皇親國戚紛紛向他投去欽佩的目光。岐王趁熱打鐵，說道：

「如果這個年輕人今年科舉考試得以高中，國家肯定又會增添一位難得的人才。」公主問：「為什麼不讓他去應試？」岐王道：「這個年輕人心氣高傲，如果不能得到最為尊貴的人推薦考中榜首，寧願不考。可聽聞公主已推薦張九皋了。」公主連忙笑道：「這沒關係，那個人也是我受他人所託才辦的。」接著對王維說：「你如果真的想考，我必定為你辦成這件事。」王維急忙起身道謝。公主立刻命人將主考官召來，派官婢將

自己改薦王維的意思告訴了他。於是王維一舉成名了。

古往今來，懷才不遇者大有人在，他們大多鬱鬱寡歡，恍惑終身而苦不得志。而王維卻是個成功者，他勇於把自己送到貴人面前，向貴人展示自己的才華，並且能夠運用智慧淋漓盡致地展現，最終取得了成功。

人生悟語

「學會文武藝，貨賣帝王家。」一個人具備廣聞博識、滿腹經綸固然重要。不過，你這些才華總要找到得以施展的地方。只要你認準了能夠提拔你、賞識你的貴人，你就要向他們充分展示自己的才華，使他們對你委以重任。

背靠大樹好乘涼

俗話說：「大樹底下好乘涼。」如果把實力強大的企業比作一棵大樹，那麼「大樹」叢中也是貴人最容易出現的地方。

一九九〇年代是科技巨富輩出的年代，甲骨文公司（Oracle）的董事長勞倫斯．艾利森（Lawrence Joseph Ellison）就是其中的一位。一九九六年他的個人資產達七十億美元，被美國《財星》雜誌評為美國第五巨富。二〇〇一年三月股市大跌，他的個人財富仍有四百二十一億美元，是僅次於比爾蓋茲的第二巨富。

艾利森和他的公司取得不錯的發展，很大一個原因是倚靠了國際商業機器公司（International Business Machines Corporation，簡稱 IBM）這棵搖錢樹。

艾利森一九四四年出生於美國，他是私生子，小時候他一直生活在母親的姑媽家。因為缺乏讀書天賦，他先後進了兩所大學，都沒拿到文憑。在伊利諾大學他因考試不及格而被校方除名，在芝加哥大學他未修滿學分而拿不到學士學位。

儘管如此，艾利森卻並沒有枉讀大學。在芝加哥大學主修物理學時，他不但掌握了電腦程式設計技術，學會了操作大型電腦，他還成了學校的兼職程式設計師。這些有用的知識和實踐，為他日後「打江山」奠定了基礎。

一九六六年夏天，艾利森去了一家研製資料庫設備的小公司——精密儀器公司。在這個小公司裡，艾利森被任命為系統開發部副總裁，這是他有生以來首次進入公司高層。

當時精密儀器公司研製的資料設備很不理想，公司做出重大改進的決定，準備改變它的程式。老闆讓艾利森組建專案小組，一向愛自誇的艾利森這回卻「謙虛」地說，他算不上一流的程式專家，恐怕難以完成此大事。無奈之下，公司決定對外招標，專案預算初步定在兩百三十萬美元。艾利森見公司中計，心中大喜。

為把握住這次難得的賺錢機會，艾利森馬上打電話給以前的同事邁因納及另一位關係好的程式設計師奧茨，建議三人把這個專案接下來。一九七七年六月，艾利森牽頭的「軟體發展實驗室有限公司」（即 SDL）成立。此前透過艾利森的推薦，邁因納已拿到了精密儀器公司的專案合約。艾利森表面上代表公司監督合約執行，暗中操縱 SDL 公司。

在 SDL 公司中，表面上邁因納是總裁，奧茨為副總裁。艾利森沒出面，但他的股份卻占百分之六十，其餘兩人各占百分之二十。當他們完成這個專案後，賺到了第一桶金兩百三十萬美元。不久 SDL 公司正式對外掛牌營業，艾利森也露出了他的董事長真面目。

在這個專案中，艾利森說他兩頭兼顧了，並沒有坑害精密儀器公司。下一步怎麼走？艾利森和邁因納、奧茨商量，他們覺得小公司要發展只有背靠「大樹」才行。

當時在大型電腦行業的「大樹」，IBM 是首屈一指的。這個電腦行業的龍頭老大，占領了大型電腦的大部分市場，很多軟體公司都是圍繞 IBM 的各種型號電腦來開發軟體的。SDL 也想背靠 IBM 這個龍頭老大來尋求發展。

如何才能攀上這棵大樹呢？艾利森他們發現了一篇論文，該論文的作者就是 IBM 的R系統小組的科學家。R系統小組當時沒有對這項成果保密，而以論文的形式公布出來。

艾利森等人如獲至寶，他們認為既然你公開了論文及成果，利用你的成果也就不算剽竊！三人一致同意把目標鎖定在研究開發基於R系統的關聯式資料庫系統，採用R系統小組的研究成果 SQL 程式語言來編制軟體，這樣就可以與 IBM 發展關係。

艾利森他們借助別人多年的研究成果，只花了幾個月的時間就把第一版的資料庫系統軟體推出來了，該軟體取名叫 Oracle，一上市就大受 IBM 用戶的歡迎。由於 Oracle 產品在市場名氣很大，為了擴大公司的知名度，後來艾利森乾脆將「軟體發展實驗室有限公司」改名為 Oracle 公司，這就是後來矽谷有名的甲骨文公司。

在甲骨文公司效益最好的時期，艾利森、邁因納等人日進斗金，早已成為超級富豪。從一九九七年至二〇〇〇年，艾利森連續四年被《時代週刊》（TIME）評為全球

五十位元數位精英之一。回過頭來看，他們倚靠IBM這棵大樹上謀求大發展的決策是多英明！

人生悟語

世界上很少有「天上掉餡餅」的事情。想多結識幾個貴人，就要自己創造機會去尋找。一旦找到了可以結交的貴人，讓他們成為你的幫手，你自然會體察到「背靠大樹好乘涼」的益處。

進取，贏得貴人幫助的條件

貴人幫助他人會考慮幫助有沒有結果，而幫助一個沒有進取心的人，猶如堤內漏水堤外補，不僅無濟於事，更白費了自己的精力和財力。所以進取是贏得貴人相助的基本條件。

于品海三十出頭，就曾躋身億萬富豪之列。他出身貧寒，靠白手起家成為商界新貴。白手起家往往要有機會，才能一躍而起，那麼是誰給了于品海這個機會呢？這個人就是《明報》的創始人金庸先生。是金庸讓于品海接手《明報》的未來掌門人，才成就了于品海的大事業。

《明報》是新派武俠小說大師金庸與其高中同學沈寶新於一九五九年創辦的。當時金庸出資八萬港元，沈寶新出資兩萬港元。時至今日，《明報》已是市值約十億港元、盈利約一億港元的大型報業集團。除《明報》外，該集團還有娛樂性的《明報周刊》、學術性的《明報月刊》。

一九八九年五月二十日，在《明報》創刊三十週年茶會上，金庸突然宣布辭去社長一職，只留任《明報》集團董事會主席一職，並表示要徹底淡出江湖。

此消息一傳出，立即引來十多個財團上門洽談收購金庸所持股份一事。先後有收購專家梁伯韜與出版奇人鄭經翰合組的收購拍檔；有英國報業大亨麥士維；有香港財閥李嘉誠；有香港著名老牌的怡和洋行；還有澳籍傳媒大王、《南華早報》大股東梅鐸以及日本德間書局老闆和他的顧問于品海。

于品海何許人？他乃一介寒士，一九五九年出生於香港，靠半工半讀才中學畢業。一九七七年，于品海前往加拿大薩克其萬大學政治系求學，學成後回香港，不久進入金庸舊屬黃揚烈創辦的《財經日報》做國際電訊和翻譯，月薪為兩千港元。由於薪水太

少，他於一年後跳槽到富麗華酒店。

一九八五年，于品海以二十萬港元為資本，說服朋友韋家祥、麥永強等人投資八十萬港元，創辦智才顧問管理公司。同年八月，于品海做成智才的第一單業務，與日商合作，發展並管理漓苑酒店。智才只出資一百萬港元，就獲得這家擁有兩百多個房間的酒店管理權，到後來直接成為它的控股公司。傾其所有做成的這單業務，智才獲益不菲。

後來的幾單生意，智才都是為日本財團來華投資提供服務。兩年後，智才上市，市值已達六億港元。短期內能達到這樣的業績，充分顯示出于品海的經營才能。智才後來於一九九一年收購了另一家公司，實現第一次大飛躍。智才在這次交易中，不但沒有付出，還套現九億七千五百萬港元。

于品海對事業十分執著，雖未能協助日本出版商談妥《明報》收購事宜，但他卻在這個過程中讓「金大俠」留下了很好的印象。據某週刊稱，于品海花了多年的時間，與金庸聯絡感情。他經常陪金庸看戲，吃大閘蟹，不時大談他的辦報理念，令金庸十分開心。

一九九一年十二月，于品海收購某家公司不久，就與金庸進行商談，他這次是代表自己要收購《明報》，而非為日本財團效力。于品海向外公布了他的「技術性收購」，當時金庸持《明報》百分之六十的股權，沈寶新持百分之十五，其餘為公眾散股。按協議于品海從金、沈二人手中購入百分之五十股份，需要現金四億五千三百萬港元，但他掏空家當也沒這麼多。

怎麼辦？金庸惜才，幫他想辦法。兩人合組了「明智公司」，智才為第一股東，占百分之六十的股權；金庸注資一億八千萬港元現款，換另百分之四十的股權。另外，于品海說服金庸購入智才所持的某公司百分之五十的股權，又出資一億六千萬港元。兩項相加，金庸共出資三億四千萬港元，頂了于品海購入《明報》百分之五十的股份的大部分帳項。他只需另付一億一千三百萬港元給金庸，就可把五成《明報》股權的款項還清。

他們完成第一次「技術性收購」後，第二次協議時又商定，金庸尚持有的百分之二十五的《明報》股權自一九九四年十二月一日起，分五次全部讓給于品海。

此後于品海出任《明報》集團副主席，到了一九九四年三月三十一日，《明報》集團宣布：自即日起查良鏞（即金庸）與沈寶新退休，分別辭去董事會主席、副主席職務，由于品海擔任董事會主席，金庸任名譽主席。這一年，于品海才三十五歲。

四月，于品海正式上任，並當選為香港報業公會主席。《明報》股價飆升，由每股

四港元漲到十港元以上，于品海所控的《明報》，市值達四十億港元，于品海個人帳面財富也由五億多港元逾至十三億港元。

金庸在與于品海交接董事會主席一職時，曾發表說：「過去大約十年中，我熱衷於尋求一個聰明能幹、熱心新聞事業、誠懇努力的年輕人，可以將《明報》交託給他。如果不是我運氣好，不會遇到于品海先生這樣就像「量身訂做」的，比我想像中所要求更加精彩的人才。……他是在加拿大讀政治經濟系的，對傳播事業至少熱衷了十年，至於企業策劃，那是天才。」

人不是生來就有進取心的，進取心是在後天培養而成的，擁有進取心就是具備了一種能力。

人生悟語

人與人猶如熱帶雨林裡的植物，貴人如同陽光，誰的生長速度最快，誰就能沐浴到更多的陽光。

貴人看好聰明人

常言道「兩強相遇勇者勝」。在成功之路上，勇往直前固然十分重要，但鬥智鬥勇更為重要，有時候智者比匹夫之勇更勝一籌。在當今知識經濟的時代，知識可以轉化成資本，資本可以變成財富，貴人看好睿智者也就在情理之中。

因為聰明人善於思考，所以能夠舉一反三，迅速掌握辦事的規律。這樣的可造之才很容易得到貴人的寵愛。

韓國大宇集團是一家名震海內外的大型企業，其分支機構遍布世界一百三十多個國家和地區，該集團創業後不斷收購瀕臨破產企業，並且家家扭虧為盈。創建才五年便使出口額躍升至韓國第二位，二十年則躋身五十強。大宇集團的創始人金宇中，使近百家瀕臨破產企業被收購後起死回生，這些企業的十幾萬個員工都很感激他，把他當作救星。

今天的輝煌，當然是金宇中打拚而來的。但是，如果沒有「漢城實業公司」總經理金容順這個貴人相助，金宇中的事業能發展這麼快、成為「速成財閥」，也許就要打個問號了。

一九三六年十二月十九日（也有說是一九三七年元月），金宇中出生在韓國慶尚北道的大邱廣域市，父親是位大學教授。本來家境還不錯，但他父親在一九五〇年去世後，家境一落千丈。年僅十三四歲的金宇中，只好一面上學一面當報童、賣蔬菜來維持生計。

窮人的孩子早當家，金宇中從小很懂事，由於他讀書刻苦，成績也不錯。他的鄰居，也是同宗的「漢城實業公司」總經理金容順看到他這麼聰明懂事，對他產生了憐愛之情，決定幫助這個聰明、勤奮的孩子。

高中畢業在即，家境貧寒的金宇中沒錢上大學。正當他為此發愁之際，金容順對他說：「孩子，你想不想上大學？」金宇中點了點頭。金容順說：「想上學就好！不必為讀書費用擔心，我來負擔你的費用！」

金宇中感激地向金容順致謝。在選擇大學時，金宇中報考了延世大學商學院。他想學成之後，將來也像金容順那樣，做一個成功的企業家，為社會出點力。

金宇中如願以償地考上了延世大學，進入該校的商學院就讀。金容順付清了他上學的費用，使他更加勤奮地讀書。因為不努力讀書，會對不起金容順。在這種觀念的支配下，金宇中順利地完成了學業。一畢業就被金容順接到他的「漢城實業公司」工作。

金容順看到金宇中聰明，有意要培養他。把他放在自己的公司裡，就有這層意思。所以沒做多久，他就讓金宇中擔任公司貿易部經理。從這一點來說，金容順是金宇中人生歷程中的第一個貴人。為了報答金容順的恩情，金宇中在金容順的「漢城實業公司」一做就是好幾年。在貿易部經理這個位置上，金宇中學到了不少實戰經驗，為他日後創業打下了堅實的基礎。一九六七年，金宇中的一個貿易客戶，「大都纖維公司」的老闆杜大都，了解金宇中的志向後主動找到他，要與他合夥辦實業。

杜大都誠懇地對金宇中說：「你有聰明的腦子，又累積了豐富的商貿經驗。這樣吧，由我墊付全部的開辦資金（兩人各兩百五十萬元），我們合辦一個經營紡織品生意的外貿公司。我只出資，公司由你全權掌管，怎麼樣？」

真是天上掉餡餅的事，金宇中哪有不同意之理。就這樣，這年的三月二十二日，大宇實業公司成立。金宇中人生歷程中的第二個貴人杜大都，幫他支撐起另一番天地。

金容順、杜大都都沒有看錯人，金宇中的確是個精明的人才。憑藉在漢城實業公司累積的經驗，大宇公司在金宇中的經營下很快打開了局面，不久他就歸還了杜大都幫他墊付的那兩百五十萬元開辦資金。又過了一段時間，他把杜大都那百分之五十的股份也買過來，將大宇公司完全據為已有。

一九九〇年代大宇集團全方位發展，成為韓國第三大企業集團。金宇中以自己的睿智贏得了貴人相助，也贏得了商場上一次次的勝利。

「智者為王」，事業的成功需要用智慧去取得。貴人需要智者相助，同時也會給智者豐厚回報，幫助他們走向成功。

貧窮並不可怕，可怕的是心智的枯竭，心智的枯竭會讓人一生貧窮。

人生悟語

有智慧的人知道要站在對方的角度考慮問題，使各方的利益趨於平衡，使得大家都皆大歡喜，這樣的人往往為貴人所青睞。

再好的千里馬，也得遇到伯樂

在當今社會上，成功是人們夢寐以求的渴望。漫長的人生之路，有些人為追求成功付出了莫大的代價，最終卻事倍功半。他們經常自怨自艾：可惜我滿腹經綸，卻始終沒有出人頭地的機會。不過，灰心只能使你喪失自信，要想成功，僅有曠世的才華還遠遠不夠，還要找到賞識你的貴人。

劉基，字伯溫，浙江處州府青田縣人，生於元武宗至大四年（一三一一年）。元惠宗至正二十年（一三六〇年）輔佐朱元璋，開始在政壇上嶄露頭角。朱元璋對他十分青睞。

少年得志的劉基，很想為元朝盡忠，做一番轟轟烈烈的事業。當時正處於元朝末期，官場腐敗，吏治不清，整個社會秩序已是搖搖欲墜。但他並沒有感到獨木難支，而是積極投入政治活動。他以身作則，為官清正，時常與那些貪官汙吏做鬥爭。可是沒過多久，劉基便碰了個滿鼻子灰。上任後不久，由於受人嫉恨而被排擠。又過了不久，他因彈劾監察御史失職而得罪上司，後棄官還鄉。

官場失意對劉基的打擊是非常沉重的。不惑之年的他，本來以才自恃，總想透過效忠元朝來施展自己的才華和抱負，可是每次都是乘興而去，敗興而歸，根本沒人重視他的才華。無奈之餘，他只得隱居山林，寫詩作賦，抒發他懷才不遇、報國無門的憂鬱心情。

正當他報國無門之時，朱元璋領導的一支紅巾軍先後占領了諸暨、衢州和處州，隨後又拔除了東南一帶元軍的一些孤立據點，占領了浙東大部分地區，並極力網羅各地知

識分子、知名人士，希望他們出來輔佐自己的事業。在浙東早已聲名鵲起的劉基，自然列入了被邀請的名單。

此時的劉基已年過半百，他以為此生碌碌無為，再也指望不上什麼靠山了，一身的才幹也就要付之東流，又加之對朱元璋半信半疑，很不願意出山。經過朋友再三勸告，又考慮到身家性命，他才決定去應天府（今南京），對朱元璋進行觀察。

劉基到應天府之後，心情依然很憂鬱。朱元璋召見他那天，他懶懶散散地來到朱元璋的帥府，見到朱元璋只是略略一拜。當朱元璋問他怎樣建立功業時，劉基說出了治國十八策，說得朱元璋連聲讚揚，親自為劉基斟茶，繼續向他詢問有關創業的各方面的意見。朱元璋禮賢下士的態度使劉基那顆已經冰冷的心重新得到了溫暖。朱元璋為了籠絡像劉基這樣的文人，專門修建了一所禮賢館，給予文人們特殊的待遇。而且每當聽到他們談論高深的政治見解時，便會心動、立即採納他們提出的正確意見。劉基覺得總算遇到了明主，便忠心耿耿地輔佐朱元璋，他決定利用自己的軍事才能，為朱元璋建立強大的軍事力量。

劉基也越來越受到朱元璋的器重。一天，朱元璋在自己房中設酒席款待劉基，請他分析當下局勢。朱元璋向他講明當下局勢：當時，各路起義軍占領了元朝大部分地盤，其中勢力最強盛的是湖北的陳友諒和蘇州的張士誠。這兩個人為了擴大地盤，不斷騷擾朱元璋所占據的領地。朱元璋把大部分精力用於防備這兩個人的掠奪，搞得手忙腳亂。

劉基聽完朱元璋的陳述，微微一笑。他撫摸著鬍鬚，向朱元璋發問：「您可知道山中猛虎的故事？」朱元璋被問愣了，木訥地說：「您說的是什麼意思？」劉基莞爾一笑，緩緩地說道：「從前有一隻猛虎，整天在山林裡覓食，有兩隻狼也想占便宜，便和牠爭食。猛虎追那隻狼，這隻狼就來吃牠的東西，再追這隻狼，那隻狼又吃牠的東西。猛虎白白失去了很多美食，最後竟餓死在山中。現在您就好像那隻猛虎，而陳、張二人就好像那兩隻惡狼。如果您想安安靜靜地獨坐天下，該怎麼辦呢？金陵地勢險要，但也不過是一隻肥兔；天下之大，才是可逐之鹿，若想威震天下，必先除去二狼，再北定中原。那時，您就可以面南背北占據四海，自立為帝了。」

朱元璋聽後，沉默了良久，對劉基說：「恐我不是猛虎，而張、陳乃猛虎耳。」劉基聽罷，一下子站起來，朗聲說道：「主公此言差矣！張士誠齷齪，胸無大志，只求自保，不求進取，有什麼英雄氣概？可以暫且置之不理。陳友諒野心十足，欲望高，擁有精兵數十萬，巨艦幾百艘，地勢處我上游，經常虎視眈眈，總想侵吞我們，確有猛虎之勢，應該認真對付。然而他為人驕傲，自以為是，乃一勇之夫，做大將衝鋒陷陣還可

以，卻不是稱王稱霸的料。主公雖然如今勢力尚弱，但你胸懷大志，如能立志起兵，應先消滅陳友諒，次取張士誠，則如虎豹突起，聞者震撼，得天下有什麼難的！」一番話說得朱元璋熱血沸騰，豪興大發，他說：「若不是先生教我，我終不過餓死之虎耳！此乃天意，使先生助我！」

從此，朱元璋把劉基視為心腹，事無大小，都要與他商量。朱元璋稱呼劉基，只用先生而不直呼其名以示尊重。這就更加增強了劉基報答知遇之恩的願望。

「識貨」的老闆，是我們一生中不可或缺的貴人，他能使我們迅速接近成功。只要我們練就一雙慧眼，找到「識貨」的老闆，何愁自己沒有用武之地呢？

人生悟語

成功是人們夢寐以求的願望，要想成功，必須具備一定的才華，但你空有滿腹才華，沒有貴人賞識，也難以取得成功。

朝中有人好辦事

做官要有靠山，做生意也要尋找自己的靠山。對於生意人來說，貴人就是一座穩固的靠山。有貴人相助，可以使你生意興隆、事業發達，甚至可以使你扶搖直上、飛黃騰達。

把大企業當作「大樹」，在大樹中尋找貴人，不失為一種有效的方法。但除了大企業，有時候政府及其要員也可以成「大樹」，同樣可以幫助他人走向成功。

曾經紅極一時、富甲一方的「紅頂商人」胡雪巖，正是依靠背後強大的政治力量才使得財源滾滾而來，最終登上財富巔峰的。

在封建社會，實行四民制：士、農、工、商。其中，商人排在最後，身份也最低賤。這樣的體制使商業活動難以充分發展。只要一個小官的勢力，就能使商人由成功走向失敗。政治的力量足以讓商人們心驚膽寒了。上有政策，下有對策。多數商人在商業活動中會盡量迴避官府，不與官府發生衝突。而另一類人，卻設法與官吏們溝通，爭取得到他們的保護，從而獲得更大的活動範圍和經濟利益。胡雪巖就是一個典型。

要想得到官吏的保護，首先得找到值得交往的官吏。如果找錯了官場中的靠山，不

但自己不能得利，反而會害了自己。哪些官員在官場中出人頭地，握有實權；哪些官員在官場競爭中屢遭惡運，升遷無望。要識別他們，全憑商業奇才的一雙「慧眼」。

傳說胡雪巖一生發跡，是以資助王有齡始。王有齡在當時是一名候補鹽大使，打算北上「投供」加捐做官。可是他窮途落魄、舉目無親，每天只能泡在茶館裡浪費光陰，根本無錢「投供」，也就得不到做官的資格。

胡雪巖得知王有齡的情況後，心中頗為高興。他憑藉商人的慧眼和睿智，斷定王有齡將來必定會有官場中的鴻運。如果自己助他進京「投供」，等他有了出頭之日時，又豈能忘了自己。胡雪巖當時只是錢莊收賬的小夥計，手裡有剛收上來的五百兩銀子。他當機立斷，沒和老闆商量，毅然將這五百兩銀子送給王有齡。王有齡得到幫助，大受感動，把胡雪巖當做大恩人，他暗暗下了決心：不管成名與否，定要報答胡雪巖。第二天，王有齡就帶著這筆錢直奔北京城了。

胡雪巖回到錢莊，將自己幫助王有齡的經過告訴了老闆。老闆得知，火冒三丈，將胡雪巖趕出錢莊。其他錢莊老闆，也因為胡雪巖背上「挪用公款」的惡名，而不願意僱用他。一時間，胡雪巖窮困潦倒，艱難度日。而這時王有齡卻開始了他的鴻運，他得到一份掌管海上運糧的美差。他衣錦還鄉後，在一次閒遊中無意間碰到胡雪巖。胡雪巖看到王有齡已身登宦門，心裡的一塊石頭總算落了地，知道自己的付出終於要得到回報了。

王有齡走馬上任後，第一件事就是幫助胡雪巖重新找回飯碗，洗刷名聲。錢莊的同事了解事情真相後，也認為胡雪巖是個忠厚仁義之人，便愈發敬重他。自此，胡雪巖在錢莊業聲名鵲起，為他日後自己開錢莊打下了堅實的基礎。

在王有齡的鼎力協助下，胡雪巖不再做錢莊的「小夥計」，而是自立門戶，販運糧食。他在官與商之間如魚得水、遊刃有餘，從此走上了自主經商的坦途，事業日漸發達。由此可見，有貴人相助，可以使經商者生意興隆，甚至可以飛黃騰達。

胡雪巖倚靠官府的勢力，生意越來越興旺，於是他產生了開錢莊的想法。可他的經濟實力卻甚為薄弱。開錢莊，必須要有雄厚的資金。要是一般人，既然沒有錢，就應當斷絕開錢莊的痴念，知難而退。但胡雪巖不同，他有官府的支持。他利用王有齡職務之便代理海運，為自己籌得一筆款項，又贏得了聲譽信用，創立了無形資產，可謂一舉兩得。同時，他還利用王有齡在官場的勢力，代理公庫，挪用公家的銀子開自己的錢莊。不到兩年工夫，他的錢莊就熱烈地開張了。

隨後，因為有王有齡這個名聲好、升遷快的後臺，胡雪巖發現自己面前突然出現了

一個新的世界。糧食的購辦與轉運，地方軍隊團練與軍火費用，各方面的錢都湧進胡雪巖所辦的錢莊。胡雪巖深知官府勢力的巨大作用，便繼續與前途有望的官員們交往，同時尋找官府新貴，給予幫助，以使自己得到更快的發展。他為朝廷大員左宗棠運輸糧食。有左宗棠相幫，為他自己找到了一位貴人，一座大靠山。俗話說：「朝中有人好辦事。」有了左宗棠這樣一個貴人做後盾，胡雪巖也可以放心地一次吸收上百萬的鉅款，也可以理直氣壯地與洋人抗衡。任何一個規規矩矩的商人都不能夠像他這樣做，可是胡雪巖完全做到了。

由於胡雪巖接受了皇帝賞賜的頂戴，被美譽為「紅頂商人」。朝廷賞賜頂戴，意味著胡雪巖的商業活動有無可置疑的合法性。同時，皇帝的恩寵使胡雪巖身價百倍，甚至保證了他的信譽。這個小小的「紅頂」，居然為商業奇才胡雪巖帶來了莫大的好處！胡雪巖憑著這「紅頂」，累積了萬貫家財，成為顯赫一時的一代巨賈。

胡雪巖不愧是眼光獨到的商業奇才，他發現了靠山對生意人的重要性，便不斷地尋找貴人，甚至製造自己的靠山，他憑藉著對官場的精心掌握，終於累積了大量的財富，取得了輝煌的成就。

當然，在當今社會，做生意尋找官吏做貴人，由於違背社會道德，已變得不合時宜。但我們做任何事都還是要尋找自己的靠山。找對了靠山，能使我們的事業越做越大，興旺發達！

人生悟語

貴人是我們開拓事業、創造未來不可或缺的力量。有貴人做靠山，可以為你增添無限信心。在商場上縱橫，有貴人相助，不僅能夠幫你取得更多的經濟效益，還能夠提高你的知名度，為你的一生增添無窮的魅力。

你盯住了機遇，貴人就盯住了你

生活中，我們會發現一個有趣的現象，會做人的人機遇就多，貴人就多，反之，機遇少貴人也少。所以，握住貴人的手吧，不要錯過他給你的機會！

王嘉廉（Charles Wang）的組合國際電腦股份有限公司（Computer Associates Technologies，簡稱 CA），創業不到二十年就達到營業額三十億美元。一九九九年財政年度，其營業額更是高達五十三億美元。當 CA 產品在美國和全球企業界備受青睞

時，軟體業頭號人物比爾蓋茲說：「他在一九九〇年代步子大得驚人，我都害怕他要超過我。」王嘉廉能達到這樣的地位，是全球華人的驕傲，也是他善於抓住機會、利用貴人相助的結果。

一九四四年八月十九日，王嘉廉出生於中國上海，八歲那年隨父移民到美國，當時他連一句英語也不會說。

他從哥倫比亞大學畢業後，他和後來的創業夥伴亞森一起進入「標準資料電腦公司」工作。這份工作，使王嘉廉和亞森了解到了市場需求，為他們日後創業打下了基礎。

一九六六年，一家瑞士的電腦公司試圖打開美國市場，開始尋找代理商。王嘉廉發現他們在美國銷售的主打產品，是一種全新的系統——CA-SORT，這種軟體是為 IBM 公司的產品服務的，但卻針對 IBM 產品的某些不足進行了改進，它的運行速度提高了四分之一，卻僅占硬碟儲量的一半。

王嘉廉立即意識到，這種產品有巨大的市場潛力。幸運的是這家瑞士公司並沒打算在美國創辦子公司，而是想找一家美國公司來代銷產品。他們看中了王嘉廉打工的「標準資料電腦公司」，但該公司老闆竟然拒絕與瑞士人合作。

當王嘉廉得知「標準資料電腦公司」老闆特勒先生準備讓公司退出軟體市場時，立即與亞森和另外兩個朋友商議，他們合力買下了特勒公司裡的軟體部門，以此為基礎創建了 CA 軟體公司，由 CA 公司全權代理 CA-SORT 在美國的銷售。

雖然在公司創立之初，曾經遇到過一些困難，但都被王嘉廉等人克服了。進入一九八〇年代，CA 公司展開了瘋狂的兼併收購行動。一九八二年五月，王嘉廉正式宣布兼併卡培茲公司（Capex）。六月，他在紐奧良設立地區銷售辦公室，開始了向全美擴張的第一步。一九八七年他以八億三千萬億美元購買 Uccel 公司，兩年後又以一億七千萬美元購買了 ADR 公司。到了一九八九年，他的財產已超過了一億美元。

一九九五年，CA 公司再斥資十八億美元，購買了萊金特公司（Legent），引起行業內的震動。他的這次收購，與當時 IBM 收購蓮花公司（現名為 Lotus Software）一起被列為電腦軟體業兩大收購案之一。就連比爾蓋茲也不得不佩服地說：「王嘉廉無愧為一名商戰高手和資本經營大師。」

收購兼併成了 CA 公司的成功之道，一九九六年他們再收購夏恩公司（Cheyenne Software），一九九八年收購 Realogic 和另一家 Viewpoint DataLabs International 公司。一九九九年三月二十九日，他們以三十五億美元現金收購了世界著名的軟體及諮

詢服務公司百達靈（Platinum），在當時創下軟體產業有史以來最大筆的交易。

CA科技公司是僅次於微軟的第二大軟體公司，沒有瑞士的貴人提供的機遇，王嘉廉發達或許要往後推很多年。

機遇是貴人給予的，你盯住了機遇的時候，貴人就盯上了你。

人生悟語

機遇與貴人是形與影的關係，機遇通常就是貴人給予的，所以，得到了機遇就得到了貴人，把握機遇實質上就是把握人與人的關係。

對「症」下「藥」找貴人

「對症下藥」是醫生常用的一句口頭禪。能根據病人的不同症狀來開藥的醫生才是好醫生。這樣做才能夠保證藥到病除，找貴人也要遵循這個道理。

一個人有一個人的長處，也有自身的短處，若短處變成問題的時候，長處也就無法發揮了。這樣，人就成為了一個廢人，這時，要找一個別人的長處就是要找到能彌補自身短處的貴人。

馬克思與恩格斯都是革命家，他們在共同的目標中建立了深厚的友誼。馬克思的一生中有一個人對他是至關重要的，就是他的好友恩格斯。恩格斯在經濟上給了馬克思很大的幫助，使他得以完成許多革命理論著作。

馬克思年輕的時候非常貧窮，因為沒有固定工作，收入不穩，貧困與苦難先後奪去了他四個兒女。一八五五年四月，馬克思的兒子愛德加爾病逝，他覺得自己受此打擊已快支撐不住了，所以寫信給恩格斯。恩格斯把他們這對夫婦接到了曼徹斯特，在恩格斯的精心照料下，馬克思度過了人生最痛苦難熬的時期。

恩格斯一八二〇年生於普魯士萊茵省一個紡織工廠主的家庭，一八四一年他進入位於曼徹斯特的他父親入股的棉花紡織廠辦事處工作。在這期間他深入工廠和工人住宅區，調查英國工人的狀況。一八四二年恩格斯認識了當時在《萊茵報》當主編的馬克思。

一八五〇年十一月，為了資助馬克思的理論研究，恩格斯承擔起了為馬克思一家保障生活來源的責任，重新回到曼徹斯特的工廠，從事他所厭倦的商業工作。這完全是恩格斯為馬克思做出的犧牲，本來他也可以從事理論研究，早在一八四〇年代初，才二十

歲出頭的恩格斯就可以寫出了一些研究著作。但為了支持馬克思的理論研究，他一幫就是二十年。

作為一個領袖人物，政治名譽比什麼都重要，恩格斯為了幫助馬克思，卻把自己的一些理論成果也記在了馬克思名下。一八五一年八月，某論壇報的編輯邀請馬克思擔任該報的英國通信記者，為了多一個經濟來源，馬克思答應下來了。但馬克思掌握的英語程度不夠高，寫政論性文章還有很多的困難，他寫信讓恩格斯幫忙。

為了保住馬克思這份工作，十分繁忙的恩格斯寄出了自己的連載論文。此後，以「馬克思」署名的文章在該報連續發表，其中有一百二十篇是恩格斯寫的，稿酬都寄給了馬克思。

一八五二年二月二十七日，馬克思寫信給恩格斯，再次談到他妻兒生病、生活無保障一事，恩格斯回信說，以後每個月都會按時寄錢給他。恩格斯剛開始只是個小職員，自己也不寬裕，每月寄錢卻從來不耽誤。後來恩格斯在公司裡升職了，月薪增加，他每月給馬克思的資助也增加。有報導說，恩格斯每年要資助馬克思七千英鎊。

正是由於恩格斯的慷慨相助，才使馬克思勉強維持生存，得以長期一心一意從事著述，得以進行廣泛深入的研究。正如列寧所說：「如果不是恩格斯犧牲自己而不斷給予資助，馬克思不但不能寫成著作，而且勢必會死於貧困。」

對於恩格斯的奉獻精神，馬克思既感動也感到不安。他在一八六七年寫給恩格斯的信中說：「坦白地向你說，我的良心經常像被夢魔壓著一樣感到沉重，因為你的卓越才能主要是為了我才浪費在經商上……」

馬克思逝世後，恩格斯幫助整理他的著作，花費了十年時間，自己卻謙虛地說沒做其他的工作。

馬克思用畢生的精力和心血寫成的著作，恩格斯對其創作和出版，同樣付出了很大的心血。馬克思凡是在研究上遇重大問題時，總是先和恩格斯商量，共同探討以達到一致意見。在提供事實經驗和統計資料方面，恩格斯自始至終都給予馬克思的幫助。

馬克思的短處就是不會做生意，而這方面恰恰是恩格斯的長處，兩人結合就成為一個很完美的整體了。兩位革命家一個勤奮耕耘，一個甘於奉獻，正因為他們有如此的親密合作，才能達成他們共同的目標。

毫無疑問，即使你的本領再大，也總是存在一定的局限，正如俗話所說：「尺有所短，寸有所長」。

善於注意並注重他人長處的人，必定可以成為處世方面的強者，必定有著眾多的朋友分布在各行各業，那麼在日常生活中辦起事來自然事半功倍。

人生悟語

在通往成功的路上，貴人的提攜和幫助能夠為自己贏得機會並拓展廣闊的舞臺，充分地展現自己的才華，做到「懷才有遇」，從而為自己進一步實現人生價值奠定堅實的基礎。

捨利取義最能打動貴人

現代社會中，經濟迅速發展，各行業各部門之間的競爭非常殘酷，單靠一個人的能力是很難取得事業上的成功的。因此，必須借助別人的力量，才能取得事業的成就和創造燦爛的人生。

借別人的力量為自己辦事的最好方法是感情投資與真誠合作。在商品社會中，人們總是這樣認為：商場無情，人們之間總是充滿你死我活、爾虞我詐的鬥爭。

實際上並不是這樣的，人類畢竟是人類，感情是無可替代的，只要在社會上廣交朋友，善於用「情」，你就會獲得出人意外的驚喜，取得意想不到的收穫。

小麗是某工廠的一名失業員工，丈夫所在的工廠也不景氣，每月只能發兩萬元，加上自己的失業補貼，不足三萬元，可家裡還有兩個孩子要上學，日子過得非常艱難。

政府為了解決失業再就業的問題，建了一個菜市場，鼓勵失業的人進行自食其力的勞動。

小麗和丈夫一商量，借了兩萬五千元，再加上家裡僅有的五千元，租了一個菜攤，準備賣菜。

夫妻兩人說做就做，小麗跑上跑下，抱著批來的蔬菜，就像抱著自己的第一個兒子一樣，心裡喜滋滋的。

晚上一算帳，賺了兩千元，小麗心裡非常高興。

然而好景不長。這個位置太偏，人們買菜都不願跑那麼遠，於是菜市場就慢慢地冷落了，有時候，一天連一斤菜也賣不出去，小麗決定第二天收攤之後就不再賣菜了。

第二天快下班的時候，有一個黑黑的中年人，走到她的攤位前，買了五斤番茄讓小

麗包裝好，他待會兒再來拿。可是小麗守著攤子什麼也沒賣，一連等了五天，這個人才終於來了，小麗趕忙喊他，給他番茄，可一看，番茄全壞了，於是小麗拿出口袋裡僅有的五百元，去別的地方買了五斤番茄，交給了中年人。

中年人怔怔地看著小麗和空空的菜攤，好像明白了什麼，輕輕地問：「這幾天妳一直在等我？」

小麗慢慢點了點頭。

中年人略略思索，迅速地掏出筆，刷刷地在紙片上寫著，然後遞給小麗說：「我是附近工廠的主廚，每天都會到城裡買菜，往後妳就照著這個單子每天送菜到我的工廠吧！」

小麗驚喜地接過紙片。

從此，小麗每天就按時送菜給工廠，從而擺脫了家中的困境，生活慢慢好起來。

借力辦事，雖說借的是別人之力，但關鍵的還是自己，只有自己敢借、會借、善借他人之力，才能「借」來光明，「借」來成功，「借」來人生的一個新天地。

人生悟語

見利忘義的人永遠不會有大發展，因為他失去了義。而捨利取義是大智慧，這樣的人有大氣，因為他得到了義，即得到了人心。得人心者得天下。

第四章　貴人：縮短你奮鬥時間的人

第五章　敵人：讓你永不停息的激勵者

敵人，是在某個十字路口上擋住你去路的人，你可以不喜歡，但不得不依靠。現實生活中，人們往往將阻擋自己前進道路的人視為仇敵，這是人之常情。他是你的對手，也可能成為你前進的障礙。但是，沒有對手的人生索然無味，沒有攔路虎的坦途令人喪失鬥志。依靠敵人，你就會掌握住人生的航向，會進一步辨偽去妄，使自己的意志剛強，把敵人的力量當作前進的動力。

化敵為友，欣賞對手

俗話說：「男兒出門一步，就有七個敵人。」對現代人而言，敵人真是不勝枚舉，如商敵、情敵、棋敵、牌敵、考敵等。其實，既然同樣是人，為什麼要為自己設下那麼多的敵人？為什麼要那麼怨恨別人？這種從早到晚與人為敵的人，終有一天，會變成冷酷無情的人。

有的人一旦對立場相左的人產生恨意時（即使是假想敵），就會千方百計地攻擊對方，直到徹底打倒對方為止。還有一些人，抱著「以牙還牙，以眼還眼」的心理，如果自己挨了一拳，一定要還以三拳才肯罷休。如此一來，不但永遠無法和解，還會增加彼此之間的憎恨，落得兩敗俱傷，最後同歸於盡。

為了避免產生這種現象，我們應該盡量欣賞對方的成就，體諒對方，而不是播下仇恨的種子。

恩恩怨怨何時了？如果一味想著報復敵人，其結果只能是兩敗俱傷。反之，如果以德報怨，就能使敵人成為你的朋友，成為你可以依靠的一座靠山。

淮陰侯韓信年輕時家裡很窮，由於沒有正當職業，他便到處遊蕩。常常因為手頭拮据，為了充飢他只得沿街討飯。

有一次，飢餓難忍的韓信來到縣城的護城河邊釣魚。旁邊有幾個洗衣服的老年婦女。有一個老婦見韓信幾天沒有吃飯，高大的身材都快支撐不住了。她認為韓信很可憐，連著幾天帶飯食來給韓信。韓信感謝老婦，說：「我以後一定要報答妳。」老婦人生氣地說：「我可憐你幾天沒吃到一頓飯，哪裡指望你的報答？但願你成為一個有用的男子漢吧！」

韓信聽了老婦人的話，心裡很不是滋味。他悻悻地向城裡的街上走去。忽然，有人高聲喊道：「韓信，站住，不許過去！」

韓信一看，前面有一群人在街上談天，其中有一個神態驕橫的少年，叉著腿，伸著手臂，擋住韓信的去路。韓信不想理他，那少年竟更加狂妄，指著韓信背上掛著的那把寶劍說：「別看你身軀高大，帶著寶劍，其實是個膽小鬼，沒有什麼出息！」這時，好多人已經圍上來看熱鬧。只聽那少年說：「韓信，你要有膽量就用劍刺死我；如果不敢刺我，就只許從我兩腿之間鑽過去！」說完，又把腿叉開，擺出架勢。眾人出於好奇，一齊盯著韓信。韓信呆呆地站了好久，緩緩地俯下身子，小心翼翼地從那少年胯下鑽了過去，他這狼狽不堪的樣子，頓時引起了眾人的喧鬧和譏笑。

十年過去了，韓信參加了推翻秦朝的農民起義，先在項羽手下，後在劉邦部下任將軍。他被劉邦重用之後，統兵百萬，屢戰屢勝。劉邦平定天下之後，論定韓信軍功最大，封為楚王。楚王韓信於是又回到了當年流浪受辱的故鄉，打探當年的老婦人及侮辱他的那個少年的下落。當地百姓聽說，紛紛議論道：那位老婦人該富貴了，那位少年的末日到來了。

韓信終於找到了老婦人和那個少年，還召來了附近的鄉親。他賜給老婦人千兩黃金，讓她安享晚年。輪到那個曾經侮辱過韓信的人了。只見那人已經成為一個身強力壯的成年人，膽怯地跪在韓信面前。

韓信指著那個男子對左右說：「這是一個壯士。當年侮辱我時，我當然能夠殺死他。但殺死一個無知的少年又有什麼用呢?因此我一直忍了下來。今天，我任命他為中尉，掌管捕捉盜賊的事情。」

出人意料的決定，使那位男子不敢相信自己的耳朵，也引起了百姓的驚奇和讚嘆。而韓信的部下也更加信賴和效忠他們的主人了。

不計前仇，以德報怨。韓信表現出一個有氣度、有機謀的大將的胸懷。由此，人們也就不難理解，為什麼韓信能駕馭千軍萬馬，成為足智多謀的常勝將軍了。

有一位哲人說過：「沒有敵人的人生太寂寞。」這位先哲真是好大的口氣，試著思索一下，誰希望以敵人的存在來充實自己的人生經歷呢？其實，如果我們仔細想想，你的敵人是誰呢？是不是從出生開始就有敵人存在呢？敵人本來並不存在，只是由於某些原因才出現。有些時候，原來的朋友反目成為現在的敵人，也許將來還會轉變為朋友。

著名小說《三國演義》中有這樣的情節：

關羽投降曹操後，曹操待他甚厚，但最終關羽還是掛印封金，辭別了曹操，決心投奔劉備。

儘管關羽給予曹操「怨恨」，但曹操仍寬宏大量地向關羽付出了「恩德」。他親自為關羽送行，還贈送關羽一件紅袍。

以德報怨，確實能感化敵人，使敵人成為自己的依靠。試想一下，後來曹操能在華容道全身而退，不是全仗關羽的「一念之仁」嗎？

不打不相識，你們為什麼不能成為朋友呢？把你的敵人看作你的朋友，堅持投入感情，堅持禮讓的美好內涵。如果你這樣做了，說明你正在一點點地提高自己，使自己心胸開闊。

以德報怨，常常能以很小的代價換來敵人與你的和解，使敵人成為你可以依靠的人。

做人何必用那種仇視的眼光看待對手呢？這樣，你會把自己搞得身心疲憊。與其如此，還不如用一顆友善的心去欣賞對手。

人生悟語

欣賞對手，你就會得到意外的收穫，不但使對手變成朋友，而且還能取得對手的信任和幫助。一舉多得，何樂而不為呢？

對手讓你成為強者

在現實生活中，我們會不斷遇到對手的挑戰，有時也會碰到比自己強大的對手，但我們沒必要去憎恨他們。相反，要善待對手。因為正是這些對手才激起你的萬丈雄心，讓你不斷克服自身的弱點，消除自身的弊病，讓你成為真正的強者。

有一次，一隻老鼠向獅子挑戰，要同他一決雌雄。獅子果斷地拒絕了。「怎麼，」

老鼠說，「你害怕嗎？」

「非常害怕，」獅子說，「如果答應你，你就可以得到曾與獅子比武的殊榮；而我呢，以後所有的動物都會恥笑我竟和老鼠打架。」

「和老鼠比賽的麻煩在於，即使贏了，你仍然是一隻老鼠。」對於低層次的交往和較量，大人物是不屑一顧的。

在競爭中尤其如此。你如果與一個不是同一等級的人爭執不休，就會浪費自己的很多資源，降低人們對你的期望，並無意中提升了對方的形象。

同樣地，一個人對瑣事的興趣越大，對大事的興趣就會越小；而非做不可的事越少，越少遭遇到真正問題，人們就越關心瑣事。

這就如同下棋一樣，和不如自己的人下棋會很輕鬆，你也很容易獲勝，但永遠棋藝永遠成長不了，而且這樣的棋下多了，棋藝會越來越差，所以好棋手寧可少下棋，也盡量不和不如自己的對手較量。

要提高自己的能力，最佳途徑是找個能力強的人做對手。

數學家華羅庚曾說過：「下棋找高手，弄斧到班門。」他認為，應勇於和高手「一

試高下」。當他在鄉鎮小店裡自學時，就勇於對大數學家蘇家駒的理論提出質疑。正是「班門弄斧」的可貴精神，使他提早闖進了數學王國的神祕宮殿。

物理學家伽利略年輕的時候，就向先師亞里斯多德發出挑戰。他提出的「如果毫無磨擦，運動著的物體便會永遠運動下去」這一大膽的設想，後經牛頓的實驗證明，發展成了牛頓第一運動定律。

愛因斯坦在牛頓力學取得輝煌成就、成為物理學界的絕對權威時，卻提出相對論的設想，認為牛頓力學只是大千世界中物體處於宏觀的低速運動中才適用的規律，愛因斯坦的這個見解，推動了自然科學的發展。

華羅庚、伽利略、愛因斯坦是數學界和科學界的巨擘，他們的成功，就在於敢尋找高手做對手，敢與高手過招。

我們在競爭中要找一個什麼樣的對手呢？

如果你是拳擊手，你就去找路易士或泰森做對手；如果你是籃球員，你就去找柯比或歐尼爾做對手；如果你是足球員，你就去找羅納度或菲戈做對手；如果你是桌球運動員，你就去找華德納或金澤洙做對手；如果你是圍棋棋手，你就去找李昌鎬或李世乭做對手。

只有和高手過招，你才能理解競爭的真正意義，才能體驗到競爭的激烈，才能觀察到對手的優秀之處。也只有在與高手過招的過程中，你才能發現自己的不足，發現自己的缺陷。這樣，在平時你就會注意從哪些方面努力，以彌補自己的不足和缺陷。

當你意識到危機就要降臨的時候，你應該怎樣應對，使自己度過危機或者把危機作為自己成功的跳板呢？要想使自己度過危機，就要強化自身的快速反應和綜合競爭能力。某報曾經刊登過這樣一則故事：狼常到牧場叼羊。牧場主人只好僱來獵手圍殲，消除了狼患。可是，沒過多久，羊群開始流行瘟疫，死去的羊比原先被狼叼去的還要多。牧場主人便請來醫生防治，卻一直不見效。

後來，他們又請來一批專家會診，專家開出的「藥方」竟然是捕捉幾隻狼來，放回附近的山溝。這豈不是太荒謬了嗎？其實，這個「藥方」合情合理。原來，狼的來臨對羊群有著天然的強身健體的作用。因為狼的騷擾，常使羊群驚嚇奔跑，從而強健了羊的體格。此外，老弱病殘的羊入了狼口，傳染病源也就消失了。

在這裡，危機感或者危機已不再只是「潛伏的禍患」，而是一種孕育著進步的生機。

現實中，我們會不斷遇到對手的挑戰，也會碰到比自己強大得多的對手，但我們沒必要去憎恨他們。沒有狼群追捕的羊群變得弱小無力。沒有了競爭對手，獨行於漫漫人

生路上，既沒有比較，也沒有壓力，又何來驚險刺激所能帶來的快感？

深入思考一下，我們就會發現：真正促使我們堅持到底的，真正激勵我們前行、讓我們昂首闊步的，不是順境和優裕，而是那些常困擾我們，令我們擔憂，令我們煩惱的競爭對手。生活的旅途中，與自己同行的人很多，只有競爭，才能使我們不斷汲取前進的動力。人多了，路自然就窄了，一條大道被分成若干條小路，每個人都艱難行走在自己的小路上，心裡暗暗比較著與同路人的差距。也許有的人會伸出腿，把快要超過自己的人絆倒。其實，這不僅延誤了別人到達終點的時機，還浪費了自己的智慧和精力。

人生悟語

和高手過招，是件有百利而無一弊的好事情。無論在何種情況下，你都應該找能力強的人做對手。

沒有永遠的敵人，也沒有絕對的對手

在現代社會，那種動不動就兵刃相見的血肉搏殺幾乎沒有了，但確實還有敵對的一方。在戀愛上，你可能有情敵；在事業上，你的敵人可能會更多。在各種情況下，首先你應當看清他是否是真正的敵人。如果不是，你就不應當對他懷有敵意；如果是，你就應當正大光明地和他決鬥並設法戰勝他。

當然，這裡的「決鬥」絕不是指使用暴力，而是用你的智慧和知識與對手「競爭」，爭取在公平和坦誠的環境下，看誰能奪得最後的勝利。

競爭是生物界和人類社會的一個普遍規律。積極的、良性的競爭是值得肯定的。競爭本身是智慧、才能的比賽，同時也是品德、人格的比賽。在競爭中，競爭者一方面要不怕強者，不怕嫉妒，勇於爭強，力求爭先；另一方面，又需要善於和他人合作、互助，增加團體情感和合作精神。

事實上，競爭本身就要互助、資訊交流、互相鼓勵和支持，在交際和合作中得到知識，增加經驗，提高取得成功的勝算。

敵人的皮鞭無情地抽打在你的身上，疼痛不已。依人之常情，你難免會對他恨之入骨，但真正有胸懷、講策略、有眼光的人，他會做到化敵為友。所謂「奪人鋼鞭還打人」，讓對手為己所用，等於手中又多了一件制伏敵人的利器。

在宛城之戰中，大將典韋為救曹操，力戰群敵，身負重傷，悲壯地陣亡。曹操長子

曹昂、侄子曹安民在戰場中喪生，曹操本人也被暗箭射中，險些喪命，敗局可謂慘不忍睹。因此曹操與對手張繡可謂仇深似海。但當張繡經賈詡勸導投奔曹操時，曹操拉著他的手語重心長地說道：「不要把以前的怨隙記在心上。」「相逢一笑泯恩仇」，曹操不但沒殺張繡，反而封他為揚武將軍，並與他結為兒女親家。張繡非常感動，從此竭心效力，為曹操打敗袁紹，統一北方立下了汗馬功勞。

世界上沒有永遠的敵人，也沒有絕對的對手，關鍵在於你怎樣去理解，怎樣去掌握。

唐朝著名開國功臣李靖，曾任隋朝的郡丞，他發現李淵有謀反之心後，就向隋煬帝檢舉揭發。李淵滅隋後想起此事，總想殺掉李靖，以洩私憤。李淵之子李世民認定李靖有極高的軍事才能，再三請求李淵留他一命。後來，李靖馳騁疆場，攻伐征戰，安邦定國，為唐王朝的建立，立下了赫赫戰功。

李世民打敗定楊可汗劉武周後，劉武周的將領尉遲敬德、尋相等人都投降了。沒過多久，尋相等人又叛變逃跑了，所以李世民的部將們懷疑尉遲敬德也想叛變，於是把他關了起來。

李世民說：「尉遲敬德如果想叛變，難道還會在尋相之後嗎？」他不相信尉遲敬德會叛變，毅然命人將他釋放，而且還給了他很多金子，情深義重地對他說：「男子漢大丈夫看重情義，希望你不要把這點委屈放在心上，我決不會相信讒言而加害忠良之士的，你應該理解我。如果你想走，就拿這些金子做盤纏去，略表我們這段時間共事的情誼吧！」一番話說得尉遲敬德熱淚盈眶，李世民這一舉動，更堅定了他忠心報唐的決心。

就在當天，李世民外出打獵，只帶了很少人馬，不料遇上老對手鄭王王世充率領的萬餘兵馬，被團團包圍了。鄭王手下大將單雄信舉起手中鋼槍直奔李世民，就在這千鈞一髮的危急時刻，尉遲敬德飛馬而出，舉起鋼鞭把單雄信打落馬下，保護李世民突出重圍。李世民問尉遲敬德：「你為什麼要這麼做？」尉遲敬德痛快地答道：「這是我報答您對我的信任啊！」

只有尊重自己的敵人，才能夠贏得敵人的尊重。你如果能夠「忍讓三分」，多從自己身上找原因，敵人也就自然看到了你的高尚品德，並願意與你深交了。

英國首相邱吉爾（Winston Leonard Spencer-Churchill）說：「沒有永久的敵人，也沒有永久的朋友，有的只是永久的利益。」他一生都在奉行著這句話，在用人方面更是如此。邱吉爾作為保守黨的一名議員，歷來非常敵視工黨的政策綱領，但當他執

政時卻重用了工黨領袖艾德禮，自由黨也有一批人進入了內閣。更令人稱道的是，他在保守黨內部，對前首相張伯倫也沒有以個人恩怨去處理他們之間的關係。他不計前嫌，團結了眾多的對手，展現了他寬闊的胸懷和高明的用人之術。

張伯倫在擔任英首相期間，曾再三阻礙邱吉爾進入內閣，他們的政見非常不合，特別是在對外政策上，張伯倫和邱吉爾有著很大的分歧。後來張伯倫在對政府的信任投票中慘敗，社會輿論贊成邱吉爾領導政府。出人意料的是，邱吉爾在組建政府的過程中，堅持讓張伯倫擔任下議院領袖兼樞密院院長。這是因為他認識到保守黨在下議院占絕大多數席位，張伯倫是他們的領袖，在自己對他進行了多年的批評和嚴厲的譴責之後，取張伯倫而代之，會令保守黨內許多人感到不愉快。為了國家的最高利益，邱吉爾決定任用張伯倫，以贏得這些人的支持。

後來的事實證明，邱吉爾的決策很英明。當張伯倫意識到自己的綏靖政策為國家帶來巨大災難時，他並沒有利用自己在保守黨的領袖地位來找昔日的對手邱吉爾的麻煩，而是以反法西斯的大局為重，竭盡全力做好自己份內之事，配合邱吉爾的行政。

在人生過程中，正確地對待競爭，必須注意和對手的合作，人生的積極競爭，是在共同幸福、進步前提下的友好競爭。這種競爭本質上是一種競賽，既要有求勝、成功的強烈願望，又要做好合作、協調，以正當的手段和方式進行競爭，以利於共同進步和共同事業的發展。

人生悟語

俗話說：「冤家宜解不宜結。」的確，少了一個敵人，就等於又多了一個朋友，做起事來就會更加順暢。巧妙化解敵意需要度量，不計前嫌、不計恩怨，以一顆平常心來公平對待你的敵人。久而久之，自然冰釋前嫌，贏得敵人的尊重和友誼，也為自己找到了一座靠山。

敵人，給你前進的動力

有些人一看到敵人，便眼中冒火，總想除之而後快。其實，這大可不必。事實上，敵人也可以作為我們的靠山。正因為有敵人的存在，我們才會不斷激勵自己，使自己進步。正因為有敵人，我們才不會放鬆警惕、輕易懈怠，這樣才能防患於未然，最終取得勝利。

第五章　敵人：讓你永不停息的激勵者

敵人並不一定都是不好的，社會需要競爭才能發展，動物需要競爭才能生存，人也一樣，如果沒有競爭也就沒有打拚，沒有成功。所以我們需要樹立一個敵人，不論是心理上的，還是現實的。

把敵人當成靠山，也許你會難以接受，但仔細想想，敵人其實也蠻可愛的。

五代初期，梁太祖朱溫與晉王李克用不和，兩家經常發生戰爭。在後梁政權與晉政權的對峙中，李克用長期處於劣勢，沒有占到任何便宜。

西元九〇八年正月，李克用去世，其子李存勖繼位。

面對強敵，李存勖沒有灰心，沒有恐懼，而是勵精圖治，準備做出一番大事業。他繼位後做的第一件大事就是整頓軍紀。李克用統治時期，晉軍上下橫行不法，欺壓百姓，百姓們怨聲載道，令人無法容忍。正因為如此，晉政權逐漸失去了人心。李存勖繼位後深刻意識到：得人心者得天下，失人心者失天下。為了擊敗後梁，求得更大的發展，整頓軍紀顯然是勢在必行的。

在整頓軍紀時，他力挽狂瀾。他發布命令禁止將領、士卒無故侵犯百姓，又申明紀律，規定不守軍紀、延誤戰事的士卒立即斬首。

李存勖的有力措施，很快結出了豐碩的佳果。

就在西元九〇八年，紀律嚴明的晉軍就在潞州打了一個大勝仗。當時，梁軍大規模進攻潞州，在潞州城外築了一道城牆，命名為夾寨。而李存勖親自帶領周德威等將領，兼程前進，在出其不意的情況下，打破夾寨。晉軍殲敵一萬，繳獲的糧食器械，堆積如小山一般。朱溫聞訊，大驚失色，沉默了半晌才說：「生子當如李亞子（指李存勖），我的兒子只如豚犬而已！」他認為後梁政權的前景不太樂觀了。

西元九一〇年，附梁的鎮州王鎔、定州王處直轉而依附晉軍。梁派大將王景仁率大軍北上，在柏鄉（今屬河北）與晉軍會戰。柏鄉一戰，從歲末交鋒一直到次年決戰，梁軍竟然大敗而歸。這一仗，晉軍大獲全勝。自此以後，從朱溫到後梁各級將士，對李存勖及晉軍產生了恐懼。

西元九一二年，朱溫之子朱友珪殺掉朱溫，自立為帝。

西元九二三年，晉軍攻陷鄆州。十月，李存勖在鄆州中都縣擒獲梁將王彥章，直取大梁，輕鬆地滅掉了後梁。

滅掉後梁後，李存勖建立了後唐政權，做了皇帝，就是唐莊宗。

李存勖牢記受敵威脅的恥辱，絲毫不敢懈怠，發憤圖強，振興國力，最終消滅了敵人。正是因為有敵人作為動力，李存勖才有了堅強的意志，才充滿了必勝的信心。最終達到了自己的目的。

由此可見，敵人是你不可或缺的靠山。雖然敵人是你的對手，也可能成為你前進的障礙。但是，沒有對手的人生黯然無味，沒有攔路虎的坦途令人喪失鬥志。依靠敵人，把敵人的力量當做前進的動力，你會認清方向，不斷進取。

人生悟語

想要得到更大的成功，你就必須樹立一個敵人，一個比你強的敵人來激勵你自己，這樣你才能發揮出更大的潛力，讓你更加適應這個社會，更加成熟，從而取得更大的成功。

任何時候都不要忽視對手

我們要欣賞並重視對手。在競爭中不重視對手是件愚蠢的事情，在關鍵時刻輕視對手，你就有可能被對方吃掉。而重視對手，你就會隨時提醒自己不要掉以輕心，應該全力以赴。

「一匹馬如果沒有另一匹馬緊緊追趕並要超越牠，就永遠不會疾馳飛奔。」這是拿破崙曾說的一句話。的確，別人跟得快，你才會跑得更快。然而，事實上，成功之後，很多人會忽視了新的對手的產生和存在，從而使自己陷入到故步自封的境地。忽視對手，就沒有危機感；忽視對手，就缺少競爭力；忽視對手，就喪失進取心。忽視對手，這樣的人生難免會走向平庸，甚至失敗。因此，我們要重視每一個對手，要時刻保有危機意識，從而激發起自身更加旺盛的鬥志。

百事可樂公司（PepsiCo）於一八九八年誕生在美國北卡羅來納州，專門從事百事可樂的生產和銷售。第二次世界大戰以後，百事可樂公司一直與舉世聞名的可口可樂公司進行著激烈而持久的競爭，其經營範圍已延伸到海外，全球有三十六億人品嘗過百事可樂，足見百事可樂的知名度之高了。

雖然百事可樂在一段時間內取得好的成績，但他們始終不敢掉以輕心，生怕有一個閃失，就被可口可樂吞噬掉。因此，每一分每一秒，百事可樂都在關注著可口可樂的一舉一動，同時，積極尋找能壯大發展的途徑。

唐納德．肯特二戰後進入百事可樂公司當了一名推銷員。業務熟悉之後，肯特發現儘管可口可樂已在市場上稱霸多時，但仍然有許多國家和地區還是「真空地帶」，尤其是在蘇聯，給了百事可樂施展的廣大空間。因此，肯特一直在動腦筋，開發蘇聯市場。

機會終於來了。一九五九年美國博覽會在莫斯科召開。當時任美國副總統的尼克森與肯特的私人關係甚篤，肯特利用這種特殊的關係，請求尼克森在博覽會上想辦法讓蘇聯總理赫魯雪夫喝一杯百事可樂。也許尼克森事先和赫魯雪夫打過招呼，因此，在各國記者的鏡頭面前，赫魯雪夫手拿百事可樂瓶，做出一副非常滿意的表情，任記者拍照。此舉對於百事可樂公司來說，無疑是一個最有影響力的廣告，推動百事可樂在蘇聯市場的擴大銷售，百事可樂終於在蘇聯站穩了腳。事業上的成功使肯特脫穎而出，不久肯特就任百事可樂公司海外副經理，五年以後，他又升為經理。

一九六四年，尼克森在大選中敗給甘迺迪。肯特便邀請尼克森為百事可樂的產品代言人，以年薪十萬美元聘請尼克森周遊列國，積極銷售百事可樂。憑藉尼克森的名人效應，百事可樂在國際市場上的銷售量直線上升，成了可口可樂最大的競爭對手。肯特因此以卓越的成就升為百事可樂公司的總經理。

在尼克森就任美國總統之後，為回報當初肯特的照顧，任命肯特為自己的經濟政策顧問。這不僅使肯特身價倍增，而且使他取得了在國際市場上與可口可樂競爭更有利的條件。

百事可樂之所以能從籍籍無名到與可口可樂平分天下，就是因為在競爭中從不輕視對手，不高傲自大，始終在壯大自己的力量。

時時刻刻都重視對手，是百事可樂成功的重要因素。

生活中，我們從來不缺少對手。我們也正是在與對手的交往中逐步成長起來的。把同學當作對手，在學業中增加才幹；把同事當作對手，在競爭中提高業務；把事業當作對手，在進取中感悟快樂。請重視你的對手吧！只有這樣，我們才有可能超越對手，才有可能在良性競爭環境中立於不敗之地。

人生悟語

奮鬥途中，不要抱怨你的對手；成功來臨時，不要忘記感謝你的對手。重視對手，就是重視你自身的價值。請牢記，對手不是敵人，而是你人生路上最好的朋友。

多為對手鼓掌叫好

平凡的生活並不平凡，因為處處都有精彩。這些精彩，有我們自己的，也有他人的；有朋友的，也有對手的。當我們看到自己和朋友取得成功時，我們總是興奮不已，努力為自己和朋友鼓掌喝采。但對於對手的成功我們該怎樣去面對呢？是嫉妒還是欣賞？是大聲叫好還是不屑一顧？

為自己喝采容易，為別人喝采困難，為對手喝采更困難。生活中有許多人只知為自己取得的進步和成功歡呼，然而對別人尤其是對對手取得的進步和成功無動於衷，他們很少真誠地為別人和對手喝采。

可是你知道嗎？為別人和對手歡呼並不代表你就是弱者，你就是失敗者。因為你為別人和對手歡呼是一種美德，你付出了讚美，這非但不會損害到你的自尊，相反地還會收穫友誼與合作；為別人和對手叫好是一種智慧，因為你在欣賞他們的同時，也在不斷提升和完善自我；為別人和對手叫好是一種修養，為別人和對手讚賞的過程，也是自己矯正自私與嫉妒心理，從而培養大家風範。美德、智慧、修養，是我們做人的資本。

在生活中，我們為了生存得更好，無時無刻不在與別人競爭，競爭的結果必然會產生勝者和輸家。無論是哪種結果，尊重對手，為對手的精彩表現喝采，永遠是值得讚揚的。

生活在競爭日益激烈的年代，對每個人來講都是殘酷的。有時候一對情同手足的好朋友卻因為競爭而互不相讓、甚至反目成仇，結果鬧得兩敗俱傷。這是競爭帶來的不好的一面。如果我們每個人都懂得去為對手喝采，贏家去鼓勵輸者，輸者在佩服贏家之餘也努力去追上贏家。這樣，我們的社會就會呈現出一片積極向上，人人爭先的繁榮景象。

「與對手競爭的同時，更要合作和學習。」有人說：「自信的企業家都認為自己的企業是優秀的，那麼，對手之所以能成為對手，也一定有過人之處，輕視不得。因此，與其虎視眈眈，不如更多地考慮如何相互學習、共同合作。」

俗話說：「人外有人，天外有天。」向競爭對手學習，是被不少成功的工商企業實踐後所證明的一個經營理念。然而，在激烈的商戰中，卻有一些經營者視競爭對手為敵，老死不相往來，甚至千方百計詆毀對方聲譽，不擇手段爭奪銷售市場，這種「競爭」的結果必然是兩敗俱傷，損害了雙方的形象，影響了各自的發展。

向競爭對手學習，需要經營者具有積極誠懇的心態。三人行必有我師。一個企業再

成功，但「金無足赤」；一個總經理再聰明，可「人無完人」。自身總有不及別人的地方，切不可自命不凡，高傲自大。

向競爭對手學習，還要善於總結別人的成敗得失。尺有所短，寸有所長。不要羨慕別人的成功，更不要鄙夷別人的失敗，應學會分析和總結現象背後的本質，找出別人失敗或者成功的原因，取其長補己短，這樣才能不斷豐富自己，超越自我，獲得更大的成功。

為對手喝采，是大度、是寬容，更是一個人的良好道德修養的展現。在自己成功時，不要驕傲，要給對手安慰和鼓勵，既使失敗了，也不要氣餒，除了向對手表示祝賀外，還應該爭取下一次可以取得成功的機會。這才是真正的競爭者。

人生悟語

在激烈的競爭中，為競爭對手喝采，你給他一個機會，他也會給你一個機會。任何幫助都是互助。

擁有對手的幸福

對手就像一把鑰匙，有了它，你可以打開你夢寐以求的成功之門。

我們都有這樣的經驗，當你的成績處於中、下等時，你很容易超過前面的人；而當你的成績在前列，甚至是第一時，很容易後退。這都是「對手」在作怪。

幸福有許多種，錦衣玉食，養尊處優，手握重權，坐享天倫，這些都是幸福。有人認為一生風平浪靜或者在某一領域獨領風騷，這便是最大的幸運，但是有人想過一代棋聖本因坊秀策獨坐棋盤前發出無奈長嘆時的孤寂嗎？當高手失去了可以與之抗衡的對手時，苦思的招數也沒有了用武之地。歷盡千辛萬苦後勝利的暢快不再，因為殺雞焉用牛刀？

許許多多載入史冊的棋局都需要由兩個高手創造，無論輸贏，結局的意義都不重要，真正的高手能為對手精湛的技藝所吸引，他們會因此驚嘆，也會沉迷在思考的幸福中。

擁有對手是幸福的，這不僅僅在棋盤中，在日常生活中也得到了證實。因而各領域的高手們不斷挖掘競爭對手，從縣市到全國，從全國到全球，看似勞累的一路顛簸卻也

充滿了挑戰的興奮與對收穫的期待。

世界上幸福的人有各式各樣，許多人因為小小的成就而感到無比欣喜，許多人因為一時的獨領風騷而暗自竊喜，這些都只是小人物，他們沒有高手的雄才偉略，也沒有思想家洞察世間一切的眼力，因此挑戰對手而感到的幸福，他們感受不到。

然而小人物也可以擁有這種幸福，關鍵在於如何看待對手如何評價競爭。絕望者認為競爭是殘酷的，對手是可憎的敵人，他們錯了，以靜止的眼光看待瞬息萬變的關係。把握幸福者正是學會生活的人，在他們眼中競爭便成為獲得幸福的途徑。

當你遇到對手時請不要失落，也不要氣餒，只需要靜下心，品味對手為你帶來的幸福快感。

人生悟語

尋找對手，並尊重對手，善待對手，相信你會永遠進步，而對手也會成為你的一個朋友，甚至知心朋友。

愛你的敵人，做人脈高手

與人交往，肯定會有一些摩擦，肯定會碰到令自己不愉快的人。雖然可以發洩一番，但往往會因此得罪人，無意間為自己樹敵。要想做一個人脈高手，就應該像聖經上說的那樣「愛你的敵人」。

排斥對手對事情沒有一點幫助，弄得不好還會兩敗俱傷。相反，如果抱著欣賞對手的心態，則可能贏得人心。人與人之間肯用真心交流，就會增加了解，消除隔閡。使他人變成你的朋友，把對手當成動力，不是更有利於你的成功嗎？

不肯欣賞對手的人，實在是很不幸的。在正常條件下，欣賞對手能發揮極大效果，它會為你帶來幸福、友誼，乃至成功。

在一次盛大的宴會上，有一個平日和卡內基在生意上就存在競爭的鋼鐵商人大肆抨擊卡內基，說了他許多的壞話。

當卡內基到達而且站在人群中聽他的高談闊論的時候，那個人還未察覺，仍舊滔滔不絕地數落卡內基。害得宴會主人非常尷尬，他生怕卡內基會忍耐不住，當面加以指責，使這個歡樂的場面變成了舌戰的陣地！

可是卡內基表情平靜，等到那抨擊他的人發現卡內基站在那裡，反而感到非常難堪，滿面通紅地閉上了嘴，正想從人群中鑽出去。卡內基卻真誠地走上前去，親熱地跟昔日的對手握手，好像完全沒有聽到他在說自己壞話似的。

他的競爭對手臉上頓時一陣紅一陣白，進退不得。卡內基遞給他一杯酒，使他有機會掩飾一時的窘態。

第二天，那抨擊卡內基的人親自來到卡內基的家裡，再三向卡內基致謝。從此他變成了卡內基的好朋友，生意上也互相支持。這個人還常常稱讚卡內基，認為他是個了不起的大人物。使得卡內基的朋友都知道卡內基多麼和藹、多麼慈祥，從而更加親近他、尊敬他。

卡內基就是卡內基，受到對手的侮辱也不在乎，反而示以友好，拿出誠意，從而雙方獲得了交流，贏得了友誼。

卡內基和他的競爭對手的交情是一種「不打不相識」的交情，其中有寬恕，有包容，有慷慨的義氣，有豪爽的俠情。

當你樹立了一個敵人的時候，你所得的將不只是十個敵人，你在精神上所受到的威脅將會是他實際上給你的威脅的十倍百倍。

而你用高尚的人格感動了一個敵人使他成為你的朋友的時候，你所得到的也將不只是十個朋友，你在精神上所感受的歡樂和輕鬆也將是他實際上所給你的十倍百倍。

首先來看看一個人「報仇」所需要的投資。

精神的投資——每天計畫「報仇」這種事，需要花費無數精力，想到切齒處，情緒心神的劇烈波動，很有可能影響身體的健康。

財力的投資——有人為了「報仇」而投入了一輩子的事業，大有「玉石俱焚」的意味，就算不投入一輩子的事業，也得花費不少的財力做報仇的部署。

時間的投資——有些「仇」不是說報就能報，三年、五年、八年、十年，甚至二十年、四十年都可能報不成，就算仇報了，自己也已經鬢髮斑白。

由於「報仇」此事投資頗大，況且還未必報得成。不管報成與否，只要「報仇」這件事存在，你就得既思考又行動，既費心又費力，損耗自己的元氣，因此我們還是主張「有仇不報」。

一個成熟的人、有智慧的人懂得掂量輕重，知道什麼事對他有意義、有價值，「報仇」這件事儘管可消「心頭之恨」，但「心頭之恨」消了，卻極有可能迷失了自己，所

以「君子」有仇可以不報。

人和動物有些方面是不同的，動物的所有行為都依照本性而發，屬於自然的反應；但人不同，經過思索，人可以依照當時需求，做出各種不同的行為選擇，例如——學會愛你的敵人。

愛你的敵人，是件很難做到的事，因為絕大部分人看到敵人都會咬牙切齒，都會有滅之而後快的衝動。如果環境不允許或沒有能力消滅對方，至少也會保持一種冷漠的態度，甚至會說一些讓對方不舒服的嘲諷話，可見要做到愛敵人真是談何容易。

正因為困難，所以人的成就才有高低之分、大小之別。也就是說，能當眾擁抱敵人的人，他的成就往往比不能愛敵人的人要「非凡」一些。

能愛自己的敵人的人站在主動的位置，採取主動的人「制人而不受制於人」。採取主動，不僅僅迷惑了對方，使對方搞不明白你對他的態度，更迷惑了第三者，搞不明白你和對方到底是敵是友，甚至可能誤認你們已「化敵為友」。可是，是敵是友，只有你才心知肚明，但你的主動，卻使對方處於「接招」、「應戰」的被動局勢。如果對方不能夠「愛」你，那麼他將得到一個「心胸狹窄」之類的評語，兩相比較，二人的份量不言自明。愛你的敵人，除了可以在某種程度上降低對方對你的敵意，使你對對方的敵意不會惡化。換句話說，在為敵為友之間，留下了一條灰色地帶，否則敵意鮮明，反而阻擋了你的去路與退路。

此外，你的行為也將使對方沒有立場對你再進行任何攻擊，他若不理睬你的擁抱仍舊攻擊你，那麼此人必定會遭到眾人譴責。

最重要的是，愛你的「敵人」這個行為一旦做出來，久而久之必會成為習慣，讓你和別人相處時，能夠大度一些，容天下人、天下物，出入無礙，進退自如，而這恰恰是成就大事業的重要本錢。

所以，競技場上比賽開始前，比賽雙方都要握手敬禮或者擁抱，比賽後也要照樣再來一次，這是最常見的當眾擁抱你的敵人——競爭對手。

人生悟語

愛你的敵人是在豐富我們人脈關係中必修的一課，也是最難的一課。連敵人都能夠愛，還有什麼不可以放下，還有什麼人不能愛。擁有這種度量的人，他本身就已經具有很大的能量。如果不通過這一關，我們始終不可能攀登理想的高峰。

跟敵人握手，才能壯大自己的力量

真正促使自己成功，使自己變得機智勇敢、豁達大度的，不是優裕和順境，而是那些常常置自己於死地的打擊、挫折和競爭對手。這句話說出了一定的道理。

挪威著名的劇作家亨里克．易卜生（Henrik Johan Ibsen）把自己的對手瑞典劇作家史特林堡（August Strindberg）的畫像放在桌子上，一邊寫作，一邊看著畫像，從而激勵自己。易卜生說：「他是我的死對頭，但我不去傷害他，把他放在桌子上，讓他看著我寫作。」據說，易卜生在對手史特林堡的目光關注下，完成了《社會支柱》（The Pillars of Society）、《玩偶之家》（A Doll's House）等世界戲劇文化中的經典之作。

有了欣賞對手的態度，人與人、人與自然、人與社會也會變得更加和諧，更加親切。我們自身也會因為這種心理的存在而變得愉快和健康起來。

人生沒有永遠的朋友，也沒有永遠的敵人，無論競爭多麼激烈的對手，競爭過後都會有合作的可能。因此，在競爭中，不要做得太絕，要留條活路給別人。這就是俗話說的「為人不可太絕」的道理。

一個人要想取得事業上的成功，光靠自己的力量是不行的，光靠朋友的力量也是不夠的。只有與那些過去與你是競爭對手的人，找到雙方的共同利益，以壯大力量去奪取更大的勝利。

愛你的敵人，處處留有餘地。這樣一來，既降低了對方的警惕，也為自己樹立了良好的形象。愛你的敵人，能夠較順利地接近成功。

隨著比賽的開始，拳擊臺上走過來兩位選手。這兩位選手可以稱得上是勢均力敵。走在前面的那位叫阿森，笑容可掬，禮貌地向全場觀眾揮手致意。後面的那位叫約翰，因為上一場比賽阿森讓他出盡了醜，所以他對阿森有著很強的敵意。約翰一上場，就兩眼通紅，虎視眈眈地盯著阿森，不但對全場熱情的觀眾不予理睬，而且連比賽的禮儀——雙方握手擁抱也粗暴地拒絕。就那樣瞪著眼睛，看著阿森，等裁判的一聲哨響。

對於約翰的無禮行為，阿森顯得比較寬容，聳聳肩，一笑了之。

比賽剛開始，約翰就以奪命招式先聲奪人，使對手陷入絕境。不但阿森心裡清楚，連全場觀眾也明白約翰是在報仇，是在發洩，而不是在進行高品質、高水準的比賽。於是，觀眾把所有的目光都聚焦在阿森身上，所有人都在為阿森加油。

最後，比賽以阿森勝利而結束，這正是大家共同盼望的結果。如果我們說這場比賽

的勝敗取決於兩人的態度和心情，似乎有些武斷，甚至有一點牽強附會。但不應該否認的是，在這場勢均力敵的比賽中，良好的心情絕對是阿森獲勝的重要因素。

無論如何，愛你的敵人一點也不吃虧。由於敵人的出現，你不斷激勵自己，不敢輕易懈怠，實際上占到了很大的便宜。

在社會上，你的對手就是你的幫手，他能使你不輕易懈怠。要想在社會上過好，就要主動向你的敵人握手。有了這種胸懷，你的成就往往比不能容忍敵人的人高出許多。愛敵人的人也是最易在社會上取得成就的人。

其實，我們仔細想一想，敵人和朋友之間有什麼區別呢？其實，很難說清楚。也許，人們為了利益之爭會形成各式各樣的集團、組織和階層、階級，他們為了共同的利益或目標走到一起，又行動一致、思想相近，因此成了朋友。而敵人呢？可能是那些與自己意見不同的人，也可能是具有無法避免的衝突的對象。

這樣一來，朋友與敵人的關係便交織在一起，構成了個人在人際關係中的核心。你的父母、妻子、子女肯定會成為你最好的朋友，而你的競爭者則多數會成為你的敵人。但是這只是一種情況，實際上你與朋友、敵人的關係是不斷調整，隨時都可能發生變化的。正如名言所說：「我們沒有永恆的敵人，我們也沒有永恆的利益，我們所有的是共同的利益。」

可見，敵人與朋友，只是相對而言的，也只是暫時的，並非永恆不變。那種幻想擁有永遠的朋友和懷有永久的仇恨的人，都有著一種與現實格格不入的思想。

朋友和敵人，從來都不是絕對的。只要有共同的利益、共同的目標，甚至是同病相憐，都可以結成朋友。而結成朋友的根本目的，就是壯大自己的力量，以便在社會的奮鬥和交往中能夠做到遊刃有餘，左右逢源，為自己、為他人創造更多的物質財富和更多的機會。敵人，也許是我們的錯覺所致，或是我們目光短淺、孤陋寡聞所致，使他在自己的心理上印上了仇恨的烙印。而你想改變這種先入為主的第一印象，更是難上加難。所以，這一切全靠你的勇氣和遠見卓識，與朋友團結，與敵人握手。

總之，冷眼看世間冷暖，笑談人生得失，與敵人化干戈為玉帛，也不失為一種心滿意足、春風得意的心境。

人生悟語

怨恨就像一團麻，要想解開，必須有足夠的耐心和善心。心胸狹窄，容易因遭受挫折而喪失進取心的人，只會用極端的辦法加劇與對手

的矛盾。

敵人打你一個巴掌，你送他一包糖

要想成就一番事業，絕對要有一個開闊的胸懷。「敵人打你一個巴掌，你送他一包糖」有這種不計前嫌的心態支撐，你將來才能在事業上取得輝煌的成功。

有一個寓言故事：野狼和獅子同時發現了羚羊，牠們商量好一起追捕那只羚羊。牠們合作良好，當野狼把羚羊撲倒，獅子便上前一口把羚羊咬死。但這時獅子起了貪念，不想和野狼平分這隻獵物，於是想把野狼也咬死。可是野狼拚命抵抗，後來牠雖然被獅子咬死，但獅子也身受重傷，無法享受美味。

試想一下，如果獅子不如此貪心，而與野狼共同分享那隻羚羊，豈不皆大歡喜？這個故事講的就是「你死我活」或「你活我死」的遊戲規則！

我們常說，人生如戰場，但人生到底還不是戰場。戰場上敵對雙方不消滅敵人就會被敵人消滅。而人生賽場不一定如此，為什麼非得爭個魚死網破、兩敗俱傷呢？

大自然中弱肉強食的現象較為普遍，這是出於牠們生存的需求。但人類社會不是動物界，個人和個人之間，團體和個體之間的依存關係相當緊密，除了競賽之外，任何「你死我活」或「你活我死」的遊戲對自己都是不利的。

唐代大將郭子儀、李光弼二人原本在朔方共事，但二人長期不和，到了水火不容的地步。

郭子儀因才華出眾而被任命為節度使，李光弼擔心郭子儀公報私仇，欲帶兵逃走，但又有點猶豫不決。當安祿山、史思明發動叛亂時，唐玄宗命郭子儀領兵討伐。身為大將，此時正是報效國家的時刻，李光弼找到郭子儀說：「我們雖共事一君，但形同仇敵，如今你大權在握，我是死是活，你看著辦吧！但懇請放過我的妻兒。」

營帳裡的氣氛頓時凝固起來，眾多將領不知所措。在這種情形下，如果郭子儀感情用事，後果不堪設想。但郭子儀畢竟具有大將風度，他握住李光弼的手，眼含熱淚地說：「國難當頭，皇上不理朝政，作為臣子，我們怎能以私人恩怨為重，而置國家安危存亡於不顧呢？」說完便拜。

李光弼被郭子儀的誠心所感動，他在戰鬥中積極出謀劃策，打敗了叛軍。郭子儀推薦李光弼當上了節度使。後來，李光弼的權力也日益增大，與郭子儀同居將相之職，二人之間沒有半點猜忌之心。

這是一個皆大歡喜的結局，它不僅因為郭子儀虛懷能容，寬廣能恕，更因為誠心感動人而獲得雙贏。就像廉頗與藺相如的關係一樣，郭子儀與李光弼的友誼也成為了千古佳話。

當你在社會上行走時，建議你也像郭子儀那樣採用「雙贏」的策略。這倒不是看輕你的實力，認為你無力扳倒你的對手，而是為了現實的需求。

那種「你死我活」的爭鬥在實質利益、長遠利益上來看都十分不利。所以你應該和對手相依相存謀求雙贏互利。

人生悟語

俗話說：「有仇不報真君子，知恩不報枉為人。」「世間本沒有過不去的河。」世間之大，人無完人，做錯事是難免會發生的。如果你將一個無意觸犯你利益的人當作對手，知仇必報，你將不會完全主宰你的命運，甚至會誤入歧途。不計前嫌、化敵為友才是你打開仇隙枷鎖的一把鑰匙。

第六章　雙面人：心胸狹窄愛記仇

生活中常會遇到心胸狹窄的人，這種人氣度小，嫉妒心強，一點小事就記在心裡，無論什麼事都算來盤去，反覆計算自己的利益得失，善使詭計而不外露，不經意的一點冒犯，他會想方設法報復你。

心胸狹窄，嫉賢妒能

有人問亞里斯多德：「為什麼心懷嫉妒的人總是心情不好呢？」亞里斯多德答道：「因為折磨他的不僅是他本身所受的挫折，還有別人的成就。」

和珅，清朝乾隆帝第一寵臣，臭名昭著的大貪官，終其一生，他為追求金錢、權力而費盡心機，專權二十餘年，貪盡天下財富。

和珅少年時就進宮當差了，他只在官學中念過幾天書，除了「四書」讀得比較熟以外，沒有什麼真才實學。和珅雖然善於巴結逢迎，並憑藉這一特長討取了乾隆帝的歡心和寵信，得以官運亨通、青雲直上。但是，和珅肚子裡除了幾根花花腸子，沒有多少真「貨」，這畢竟是他的弱點，和珅最怕和別人比才學，最恨別人比他強，他就像一個嫉賢妒能的「武大郎」，容不得高過他的人。

仁宗嘉慶帝的師傅朱珪，是一位學識淵博、正直能幹的大臣。嘉慶當時還是一位很不起眼的皇子，他對他的老師極為敬重，師生二人時常往來和詩，感情頗為融洽。

有一次，嘉慶帝寫了一首賀詩給朱珪，詩中稱頌了老師的人品才學，表達了對老師的尊重之情。和珅一向嫉妒朱珪，對朱珪的一舉一動都比較留心，總是存心找他的毛病，以便有機會來陷害他。後來，朱珪離開京城，出任兩廣總督。他到任後，兢兢業業，秉公辦事，執政清廉，卓有成效，贏得了不錯的聲譽。乾隆帝考察了朱珪的政績，打算把他召回京中，授予他大學士之職。和珅聽說乾隆帝的這個意思，心裡又氣又妒，他早已覬覦大學士的職位，豈能甘心這個大權落在別人手中，再說，他又很嫉妒朱珪的才能。

和珅表面上不露聲色，暗中卻變相著說朱珪的壞話，他把當年嘉慶帝寫賀詩給朱珪的舊事又翻了出來，添油加醋地渲染一番，說朱珪和皇子的關係不正常，教唆皇子寫詩恭維他。和珅還列舉了一大串歷史事例，別有用心地說凡是喜歡討好別人的人，都有野心，恐怕大清將來要重蹈覆轍。

他這一席誣告的謊話使乾隆帝對朱珪心生厭惡，乾隆帝最憎恨懷有野心的人，他當即就要下旨逮捕朱珪，嚴加治罪。幸虧有大臣董誥從中勸諫，澄清當時寫賀詩的事實真相，朱珪才免於下獄受刑，但從此朱珪的政治生涯也就被斷送了。不久以後，朱珪被降調為安徽巡撫，並命其以後不得內召，永為外任。朱珪不僅沒當成大學士，還被狠狠地踢了一腳，踹下深溝，而大學士之職在不久以後則被和珅得到了。

乾隆五十六年，乾隆皇帝又頒旨刻《石經》辟邪，命和珅為正總裁。當時的總裁共

有八人，這些人中，和珅的學識最淺。他只不過在年輕時讀過「四書」，這些年只顧玩弄權術，肚裡的幾滴墨水差不多都乾涸了。但他是正總裁，因此別人必須聽他的。尚書彭元瑞文字功底較深，擔任校勘工作，曾受命於乾隆帝，負責編寫《石經考文提要》，寫好後呈送乾隆帝過目。乾隆帝看過，頗為滿意，特別下詔褒獎了彭元瑞。這下引起了和珅的強烈嫉恨，他到處散布彭元瑞的壞話，說他才疏學淺，功底不夠厚，所寫的《石經考文提要》錯誤百出；又說「非天子不考文」，彭元瑞身為臣子，沒有資格寫這個《提要》。和珅製造了這些流言，又把這些流言作為朝臣的議論奏明給乾隆帝，乾隆帝很不以為然，替彭元瑞辯解說：「此《提要》是朕授意他撰寫的，不算不合制度，不要聽信流言。」和珅見皇上這樣維護彭元瑞，陷害不成，只好作罷。一計不成，又施一計，和珅怎麼也不甘於自己的失敗。他暗中又找人撰寫《考文提要舉正》，針對彭元瑞的《石經考文提要》進行攻擊。《舉正》書成後，他就冒充是自己的作品，呈送給乾隆帝，請求乾隆帝下令銷毀彭元瑞的《提要》。乾隆帝這次仍沒有聽從和珅的挑唆。和珅更加氣急敗壞，他乾脆偷偷派人把彭元瑞撰寫的、鐫刻在石碑上的字全部磨掉。

對別人不利的言論，我們寧可信其有也不願信其無。所謂「舌頭底下壓死人」，因此為人做事不可張揚，需踏踏實實，謙和平淡，盡量免招他人嫉妒。同時，我們要在生活上約束自己，不要放縱不羈，免得謠言變成真。一旦別人利用這些私事打擊你，你只有後悔不已。為了自己的前途，從品德上修練自己是很有必要的。

人生悟語

嫉妒是一種消極情緒，他讓人迷失自我，使人變得庸俗卑下，由積極向上轉為怨天尤人，一點點失去理智，不僅不知公正待人，反而懷著仇視的心和憤恨的眼光去估量別人的成功。

別人的肩膀成為自己的墊腳石

有這樣一種小人，他們厚顏無恥，陰險狡詐，城府很深，常常在無形中陷害於人。他們常常搶走別人的功勞占為己有，踩著別人的肩膀不顧一切地往上爬。這樣做人使他獲得了足夠的資本，他在事業上蒸蒸日上，而你卻奈何不了他，真是啞巴吃黃連，有苦說不出啊！

北宋神宗熙寧年間，都城開封府審理了一件相州民事案子，案件涉及判官陳安民。

陳安民官職不大，卻也有些來歷，他的姐姐是潞國公文彥博的妻子，外甥文及甫又是當朝宰相吳充的女婿。既有如此的裙帶關係，自然不可不用。事不宜遲，陳安民趕緊讓文及甫去找吳充之子吳安持通融。

不料，此事又驚動了一個人——御史知雜事蔡確。蔡確是福建泉州晉江縣人，他彈劾其主，再取而代之，今日相州一案又豈肯錯失良機。然而，按當時的制度，開封府主管京城民政、獄訟，刑部或御史臺無權過問。他苦思冥想，寢食不安，終於想出一條妙計。第二天，他上奏宋神宗說：「陛下，相州一案，事關朝廷重臣，只恐非開封府可以了結，依臣之見，應移御史臺審理。」宋神宗依奏，命中丞鄧潤甫和御史上官均審理。事後，蔡確又私下求參知政事王矽，奏請宋神宗派他到御史臺參審。

經過一番精心策劃，蔡確以欽差大臣的身份，精神抖擻地來到御史臺。他任意審問犯人、編派案情，使得鄧潤甫、上官均無法插手，他還派人監視二人的一舉一動，以便決定下一步棋如何落子。果然，鄧潤甫、上官均二人心懷不滿，密奏皇帝控告蔡確獨斷專行、拷打囚犯。蔡確得知，立即草擬奏章，彈劾二人包庇罪犯、排擠忠良，又指天發誓請求皇上派諫官及內侍到御史臺來審查。蔡確知道皇上處理此案要經過一定程序，於是，他搶在前面，利用「時間差」——派人假稱特使來問眾犯人可有冤情，凡是說有冤的，當即打幾大板，及至皇上派人來問時，誰還敢喊一個冤字？宋神宗聽聞此事，對蔡確的忠貞深信不疑，認為鄧潤甫、上官均妒能害賢，實在可恨，免去原職，另行發落。又任命蔡確為御史中丞，兼領司農寺等職。

宋神宗元豐年間，大學士虞蕃向御史臺起訴當時的學官，蔡確奉命審理此案。蔡確一般是不會放棄任何可以誣陷他人而使自己得以平步青雲的機會的，於是又借機彈劾許多朝臣命官，以翰林學士許將為首的許多人都被牽連入獄。蔡確令獄卒將這些人關在一個大牢裡，發一個大盆，每當開飯時，獄卒把飯菜統統倒進去，用棍子亂攪一通，然後分盛給每個人。眾人吃飽了又不能出去放風，按捺不住就在牢房內便溺，一時牢房內臭氣熏天，而蔡確並不急著提審他們。這些人平日也是些有頭臉的人，衣食用度倒也講究得體，而今在牢獄之中被蔡確待如豬狗，求生不得，求死不能，只好眼巴巴地望著大牢上的鐵鎖，想不出蔡確安的是什麼心，似乎每一秒鐘都很漫長。這樣苦熬了一段時間，蔡確才慢吞吞地來提審。這些人實在害怕再回到那地獄般的牢房，對蔡確所問之事無不一一招認。蔡確又借機誣陷參知政事元絳圖謀不軌，皇帝以為證據確鑿，免去元絳參知政事的職務，貶為亳州知州，讓蔡確取代其職。

就這樣，蔡確踩著別人的肩膀一步步往上爬，權勢如日中天。

人生悟語

和這類人打交道，你要做好心理準備，因為即使你付出的再多，最後的功勞也是他的。你可以改變以下方式，從別人那裡得到一些見識，並與之建立良好的關係。把你的工作記錄起來，並不時的拿出來，告訴他自己的這些紀錄是為以後的工作做準備的。這樣一來即使他有獨占功勞也會有所顧及。可能不高興的事情還是會發生，但你不要受到他的行徑的影響，不要讓他影響到你的進取心和工作心情。

偽裝和氣，口蜜腹劍

有些人是最善於偽裝的，他們能夠在自己最討厭的人面前留露出最甜蜜的微笑，就在我們被他的微笑迷惑時，他會對我們毫不留情的暗下黑手。這種人極具欺騙性，善於察言觀色，揣測別人的意圖，投其所好行事，很容易得到別人的歡心。可一旦取得了別人的信任後，他就會欺上瞞下，為所欲為，為自己謀取私利，對他人造成極大的危害。所以，我們一定不能被別有用心的人所利用，不能被他的花言巧語所利用，擦亮自己的眼睛，遠離這種小人。

李林甫本是李唐王朝宗室的後裔，他依靠奸邪諂媚、投機鑽營之術，從位卑職低的小官一直升到了宰相的寶座。在他從政為官的四十年裡，僅連任宰輔就長達十九年，深受唐玄宗的寵信，是歷史上著名的奸臣。

唐玄宗晚年，有兩位宰相共輔國政，一個是拘謹正直的李適之，一個就是陰險奸詐的李林甫。李適之一向反對李林甫，於是李林甫一直計算著陷害李適之。但在表面上兩人還是很要好，看不出有什麼衝突和矛盾。有一天，兩人談話，李林甫對李適之說：「華山出產金礦，誰都知道，如果開發挖掘，會為國家增加無窮的財富，我們何不奏聞聖上？」李適之是老實人，亦認為有理可行，便上折告訴唐玄宗。唐玄宗召見李林甫問：「適之所奏華山有金礦可採，你知道嗎？」李林甫飾詞相答：「小臣近來常為陛下的疾病擔憂，深知華山金礦的那一方位，實為陛下本命，地下隱伏著三老三氣，如果採掘，不利於陛下龍體，臣正以此為憂，故不敢將此事奏聞。」唐玄宗聽了這話，認為李林甫才是最體貼的忠義之臣，從此對李適之逐漸疏遠，最後免除官職，由李林甫一人當政。

李林甫獨攬大權後，左右著朝政，對當時的國家政局產生了重大的影響。李林甫生

性陰險狡詐，喜怒無常。表面上對人熱情似火，令人觀之可親，但腳下卻會使絆子，為人城府極深。朝廷公卿大臣如果不是由他門下晉升的，必會被誣陷定罪遷徙；凡是依附於他的，即使胸無點墨也會被他重用。當時唐玄宗年紀大了，聽政決斷就有些懈怠了，厭倦各種約束和處理繁雜的政事。李林甫每有奏請，必然送東西給皇帝周圍的人，探知皇帝的心思，投其所好，曲意奉承，穩固自己的寵信，眾宦官、宮女都能得到李林甫的厚待，所以唐玄宗的一舉一動他都知道。就這樣，唐玄宗愈加對他信任不疑。

當時，唐玄宗頒詔讓天下有一技之長的人到朝中受選，李林甫害怕士人面見皇上時說出對他不利的言談，當即向唐玄宗建議說：「皇上日理萬機，政務繁忙，而且士人一向恃才傲物，不知禁忌規矩，徒以狂言擾亂聖德，不如把這小事交給下面的人去辦好了。」唐玄宗樂得個逍遙自在，就放手讓李林甫去辦。李林甫遂讓親信統一監督試問，結果沒有一個符合要求的人。李林甫因此上書向唐玄宗慶賀，說皇恩浩蕩，天下士人皆已歸心為朝廷效力，認為朝野沒有遺留任何人才。一席奉承話，說的唐玄宗龍顏大悅，更加覺得李林甫辦事得力了。

李林甫在宰相之位長達十九年之久，他憑藉著唐玄宗對他的寵信，大權獨攬，欺上蒙下，納諫官們都被他賄賂，沒有人敢講真話。一些正直大臣上書言事，痛斥李林甫的奸邪諂媚，如張九齡、趙奉璋等人，最後都被李林甫藉故罷免官職或處死了。從此，唐玄宗的言路被徹底禁絕，李林甫權傾朝野。

有一位名重一時的絳郡太守嚴挺之，唐玄宗十分看重，要加以大用。李林甫看在眼裡，怕此人重用後會影響自己的權位，就想辦法把嚴挺之的弟弟嚴損之找來，拍著他的肩膀說，他和令兄如何相好相交，並且當面許諾一定要保舉推薦嚴損之做個員外郎，以示關切和對好友嚴挺之的敬意。然後再透露說：「皇上對令兄非常看重，我們必須想個辦法把令兄調回京，方能及時水到渠成。」嚴損之已被迷魂湯灌得暈暈乎乎的，便問有什麼辦法。李林甫故作深思，為難地想了半天，說：「不如這樣，你寫封信給令兄，叫他寫一封呈文來，說患有風溼病，希望能到長安來就醫，到時我自會幫他想辦法。」嚴挺之收到弟弟家書後，便如所囑，寫了一封「乞調回京就醫」的呈文。李林甫拿到這份奏摺，馬上跑去參見唐玄宗，說：「嚴挺之年事已高，又患風溼，行坐甚為不便，不如給他一個閒官調到氣候好的地方去調養，也正好顯現了皇上對下臣的體貼。」唐玄宗聽到李林甫所奏，毫不猶豫地就批准了，把嚴挺之調到「聞道花似錦」的洛陽去做了個只領薪水不用做事的閒官，連太守也做不成了。先天（西元七一二年）、開元（西元七一三至七四九年）期間，邊疆節度使都由文人擔任，他們歷經艱辛的磨練，就會被天

子重用，從而入朝為宰相。李林甫為了長久樹立自己的權勢，就想改變這種做法，他利用少數民族的人沒有人將為相的資格之事，遊說唐玄宗任用他們擔任節度使，他說：「以皇上的雄才大略，而夷狄未被消滅的原因，就是由於文臣為將，害怕矢石彈雨，不能身先士卒的緣故。現在不如任用蕃將帶兵，他們天生雄健，在馬背上長大，善於衝鋒陷陣。他們受到重用，一定會感恩戴德，誓死報效朝廷，如此，夷狄就不足為慮了。」唐玄宗深感有理，因此就提拔安祿山、高仙芝、哥舒翰等人擔任大將。李林甫認為這些人對他構不成什麼威脅，唐玄宗也安心於李林甫的計策，並不懷疑他的險惡居心，以致安祿山得以控制邊疆軍事大權，任職十四年沒有改遷，最終擁兵自重，起兵反叛朝廷，蕩滌天下，李唐王室遂趨於衰敗。

人生悟語

在人生的道路上，我們誰都難免遭受暗箭的傷害。都說人心難測，小人難防，他們的險惡用心不易被人察覺。所以我們一定要牢記「兼聽則明，偏信則暗」的道理。只要我們不把這種傷害和欺騙放在心上，就可以摒棄許多個人的痛苦和煩惱。

幕後操作，陰謀高手

小人的崛起絕不是單獨靠個人的「奮鬥打拚」，雖然他們的「忍功」達到了一定水準，但時機並不是隨時都會降臨，而像侯景這樣靠著梁武帝一個荒唐的夢就崛起的還並不多見。

侯景是北魏懷朔鎮（今內蒙古固陽縣）鮮卑化羯人。少年時深受邊鎮剽悍好武風習影響，行為不拘，善騎射，驍勇好鬥，體力過人，鄉里的居民都害怕他。高歡消滅了爾朱家族之後，侯景見高歡勢盛，遂率所領之眾依附高歡，並漸漸在高歡的重用下躍馬橫槍，馳騁疆場，成為東魏重要將領。

不過，他輕視高歡之子高澄，對東魏臣子司馬子如口出狂言：「王（高歡）在，吾不敢有異，王無，吾不能與鮮卑小兒（高澄）共事。」因此被高澄視為潛伏在身旁的禍患，也引起了高歡的懷疑，不久高歡病逝。高澄先發制人，書召侯景入京。侯景於是公開據兵反叛。由於倉促難敵，侯景向西魏和梁同時求援。梁朝眾臣都懷疑其真心，讓王上不要接受他的請求。但梁武帝因為不久前曾夢到收復中原，權臣朱異為了邀功，解釋此夢為祥兆。恰好趕上侯景來降，蕭衍不禁喜出望外，以為夢想成真，竟利令智昏，引

狼入室，想憑藉著侯景擴土北進，所以招降他並封為河南王、大將軍、大行臺，派兵運糧接應侯景。

不過此時侯景已經喪師失地，身價大減。這時梁朝開始與東魏協商議和事宜，想把侯景作為戰俘來互換。侯景害怕雙方聯合，屢次向梁武帝上諫，不被採納；又要求與南朝高門王、謝結婚，被梁主拒絕。侯景怨恨，反心更盛。為摸清蕭衍的真實態度，他假冒東魏書信，說要用蕭淵明交換侯景。蕭衍中計，回信說：「貞陽旦至，侯景夕反。」放棄侯景。侯景於是破釜沉舟，招兵買馬，侍機反梁。並暗結早就覬覦皇位的臨賀王蕭正德，密約事成後擁蕭正德為帝。準備就緒後，侯景以誅殺長期沆瀣一氣、奸佞驕貪、蔽主弄權而為時人所痛恨的中領軍朱異、少府卿徐驎、太子右衛率陸驗等「三蠹」為名，在壽陽起兵反梁。

蕭衍萬萬想不到前太子臨賀王蕭正德會勾結侯景，裡應外合，竟委任正德負責建康防務。梁軍布防混亂，疏於戒備，侯景有了可乘之機。蕭正德派數十艘船，假借運糧草，暗中接濟侯景。侯景輕鬆越過天險，直取建康，很輕鬆地就將梁武帝所在的臺城團團圍住。不過，侯景也因糧餉不支與城內守軍相持不下，於是與梁武帝歃血為盟停戰。蕭衍中計，割江右四州之地給侯景，遣渚路援軍返師，守衛也盡收兵甲。侯景及時補充軍糧，繕修器械，休整軍隊。十多天後，毀盟重新開戰，臺城陷落。蕭衍淪為階下囚，一個多月後餓死。侯景虛立梁簡文帝。梁名存實亡。

入城後，侯景廢蕭正德為侍中、大司馬，後殺蕭正德。侯景怕不能長久，就想提前稱帝。於是，幽禁簡文帝，立豫章王蕭棟，改元天正。後殺簡文帝及其諸子。最終廢蕭棟自立，改元太始，國號漢。

但是與大多數小人一樣，侯景沒有取得善終。梁江州刺史王僧辯、東揚州刺史陳霸先率軍與侯景在姑孰和石頭城北激戰。侯景失道寡助，大敗而逃，在逃跑途中被隨行羊鵾所殺。

亂世不僅出英雄，而且也出小人。侯景不能為東魏和西魏所容，而後投奔了梁朝，這種四處逃竄的生涯也造就了他對權力的極端追求，所以一旦梁武帝那裡流露出一點點的不放心，他立刻就萌生叛亂的念頭，甚至最後只有皇位才能滿足他的私欲。

人生悟語

當某些人妨害了小人謀取利益時，他會毫無顧忌地打擊別人，透過對別人肉體或精神上的虐待來發洩自己壓抑的仇恨，並且面對受迫害者時不

會產生憐憫之情，而只會獲得報復得逞後的滿足感和成就感。

虛假輿論，小人的遮羞布

有很多西歐人社會輿論視為一種危害行為。這件事，在資訊社會裡更被加以重視，因為輿論已經成為控制社會的一個法寶。

「名」和「實」是中國哲學史上的重要概念。其中名家公孫龍就是以「白馬非馬」而聞名於世，但到了函谷關還是被秦兵擋在城門外面。這正應了那句俗話「秀才遇見兵，有理講不清」，但到了近現代的袁世凱身上，就被整個顛倒了過來，變成當兵的偏要講起名分來。具有諷刺意義的是，袁世凱將溥儀趕下臺時才叫囂著「永不使君主政體再現」，但墨跡未乾，袁世凱已經按捺不住當皇帝的意念了。

袁世凱當上正式的大總統時，甚是得意，但不久就覺得參議院、眾議院等有如緊箍咒，勒得他渾身不舒服。為此他常對人發牢騷說：「國會專制，固不適宜，內閣集權，亦多窒礙。」

政治方面經過整治就緒後，袁世凱開始考慮恢復帝制的問題了。袁世凱首先想起從影響民心的事情做起：即從精神文化方面做起，為此袁世凱策劃了一系列的事情。

一九一三年六月二十二日，正式發布尊孔令，稱孔子為「萬世師表」，其學說「放之四海而皆準」。

一九一四年一月二十九日，根據他的建議，政治會議做出決定以夏時春秋兩丁為祀孔日，其禮節、服制、祭品與祭天的一樣。他還親自帶著文武百官，穿著離奇古怪的祭服，到孔廟行三跪九叩之禮，以示榜樣。

一九一五年指示初等小學應將《孟子》列入科目，高等小學應將《論語》列入科目。同時還恢復封建時代的考試制度，結果學習新知識的年輕人紛紛落榜，對新學產生了很大的衝擊。

一九一四年七月，他又正式公布文官官秩，分九等，完全是封建時代的官制，分卿、大夫、士三大等級，與舊官制不同的就只差一個皇帝的稱號了。袁世凱本人最討厭「先生」的稱謂，他首先在軍隊裡禁用，還公布了條例，恢復前清的「陛見」制度，舊官場的一切全都恢復了。

久而久之，許多人都以為他要恢復帝制了，但又不見他自己提過要當皇帝，以致一些留戀舊時代的人們誤認為他是為宣統復辟做準備呢。不過，他曾對別人說：「立統滿

族，業已讓位，果要荒地，自屬漢族。」言外之意是他本人也是有足夠條件的。

此外，袁世凱也不忘記透過合法的程序來為自己恢復帝制創造條件。一九一四年八月，他授意梁士治在參政院會議上提出《大總統選舉法》修正案，十二月二十八日獲得通過。《大總統選舉法》實際上把袁世凱比做皇帝了，所差的只是名稱而已。

一九一五年八月十四日，袁世凱授意楊度成立發動帝制活動的籌安會，並在各省建立分會。籌安會成立之後就越出學理範圍，對國體進行投票表決，一致主張「君主立憲」。從此，人人皆知帝制即將產生。一九一五年九月十九日，稅務督辦召集一群人，成立了全國請願聯合會。在該會的鼓動賄賂下，不過幾天，全國各地的請願團陸續出現，其人物上至王公遺老、政府官僚、各省將軍，下至車夫遊民，無所不包。於是發展到連北京的乞丐和胡同的妓女也被分別組織起來，成立了乞丐請願團，手持各色旗幟，大呼小叫奔向街頭，請求袁世凱夫順民意，早日登位。

袁世凱於是發布召集國民代表大會的告令。為了能保證當選，代表基本上採取欽定的辦法，絕大多數名單由他和親信直接決定，各省不得遺漏和更改。在選舉的時候，袁世凱軟硬兼施，迫使代表全體通過，無一作廢。

參政院把總推戴書和其他推戴書一齊呈獻給袁世凱。出乎意料的是，他竟以「曾居政要，上無神於國計，下無濟於民生。……自問功業既未足言，而關於道德、信義諸大端又何可付之不顧」為由推辭不受。知底細的人提醒說，大總統的意思是在政業、道德方面對他的頌揚還不夠。於是下午又呈上一份更詳細地列舉功績、道德的推戴書，袁世凱照例裝模作樣做出一番「謙遜不惶」的姿態，以示他做皇帝不是出自本人意願而是大家「逼」出的結果。至此，袁世凱要做皇帝的一切手續全都辦好了。

第二天，他就神氣十足地發布申令，承認帝位，朝夕魂牽夢繞的皇帝夢終於圓了。

袁世凱與其他皇位詐騙犯不同，因為在取得皇位之前，他已經取得了皇位名義上的控制。但是即使將總統制也改成了世襲制，也阻擋了不了他對皇位的極端渴望，這多是因為繼承了古人身上的封建性，也不怪乎當時的革命詩人柳亞子作詩罵道「豈有沐猴能作帝」。

人生悟語

鬧劇在哈哈一笑之後必將隨風而散。在小人貪圖的利益中，還包括哪怕是空空的頭銜。但是如果風頭過盛的話，不免讓有的偽裝就露出了馬腳，讓人看著感到可笑。

造作過度，偽裝大善人

有些小人在口頭上是言心言性、嚴禮明義的，然而實際上，則正因為所說的道理過於高深，無法履踐，於是相率而作偽。

李蓮英以太監監軍，是清朝轟動一時的事件。光緒十二年四月，當時的直隸總督兼北洋大臣李鴻章以北洋海軍已經訓練成軍，奏請朝廷派大臣前來檢閱。慈禧太后派總理海軍衙門大臣醇親王奕譞去北洋各海口巡閱。

奕譞是光緒皇帝的生父，身份高貴，因此要加派太監、御醫隨行。奕譞是一個城府很深而且非常謹慎的人，在慈禧太后召見時，他主動要求太后派身邊最得寵的太監李蓮英隨行，以減少太后對自己的猜忌。

光緒十二年四月十三日，醇親王奕譞抵達天津，李蓮英和奕譞、李鴻章一起乘軍艦出海，先後檢閱了大沽、旅順口、威海衛、煙臺等處，五月初一回京覆命。

這時朝臣不滿之聲出現。他們紛紛上疏朝廷，慷慨陳詞，擔心太監監軍會導致唐、明朝太監手握兵柄，左右朝政局面的重現。監察御史朱一新向光緒皇帝奏了一本，批評派李蓮英隨醇親王視察海軍，還說，李蓮英妄自尊大，結交地方官員，收受賄賂，理當查處。

實際情況如何呢？清代文人、維新派人士王小航說：醇親王離開京城以後，每次接見文武官員，都讓李蓮英作陪。他的本意在避免攬權之嫌，以李蓮英為他佐證。而李蓮英一直記著安得海的教訓，每夜不住淮軍為他準備的華麗行館，只隨醇親王起居。醇親王見客，李蓮英穿著樸實，替親王拿著一包旱煙袋，隨時裝煙、遞煙，回到住處則關門閉戶不見一個來訪的人。當時直隸、山東的一些地方官員，確實想要巴結這位太后身邊的大紅人，但都以失敗收場。

慈禧太后見到朱一新的奏摺後，便向醇親王問明確情況。醇親王奕譞巴結李蓮英說：「總管太監此行沿途小心侍應，與其他隨從無異，絕對絲毫沒有干預外事。御史朱一新奏文純屬危言聳聽。我朝廷優禮大臣，讓宮廷太監賚送往來是常有之事，此次該親王巡閱洋面，朝廷派太監及御史隨行，是出於對大臣的關懷和體恤，於公事毫不相干，御史朱一新不了解內廷規則，才說出如此不負責任的話來。」

慈禧太后聽到奕譞的稟報說：「御史朱一新的奏文與親王的面奏，大相徑庭，希望朱一新能明白回奏，不要含糊其辭。」實際上是在指責朱一新。朱一新於八月二十七日回奏，慈禧太后繼續為李蓮英開脫並指責朱一新說：「該御史既然已明白內侍隨行是深

宮體恤之意，又為什麼將它列為朝廷的過失呢？當時並不陳奏，事過數日，發生水災，才砌詞妄議。自我垂簾以來，救災恤民，有加無已，朱一新卻以虛誕之辭，希圖聳聽，一加詰問，自知詞窮，輒以書生迂拘、強為解免，可知其才識執謬，實不足勝任御史之任。」遂將朱一新降職。

慈禧太后此舉無疑給李蓮英干預朝政、玩弄權術開了方便之門。自此，李蓮英更加趾高氣揚，目空一切，熏灼一時，朝中大員、外省督撫，為保其高官厚祿，無不仰其鼻息。

有些人，表面上很誠懇，很誠實，逢人鞠躬作揖，謙遜過度，自己處處表示著無能、卑賤、低微、淺薄，而且不斷地想顯露出忠厚和誠實，這一類人，少數或許是真的老實，多數都是裝傻扮呆，交上了他，很容易上當的。

這種人通常做作得過度，例如道謝時，可能會謝之不休，感激時，可能會聲淚俱下，這種人的內心，有嚴重的利己心理。所以，凡是言語或行動，處處表示自己是忠誠、卑愚的人，應該提高警覺，許多人對這種人表示討厭，不無理由。

人生悟語

虛榮促使我們裝扮成不是我們本來的面目以贏得人的讚許，虛偽卻鼓動我們把自己的罪惡用美德的外衣掩蓋起來，企圖避免別人的責難。

——菲爾丁（Henry Fielding）

打一巴掌，給個甜棗

生活中常常有這樣一些小人，他們想找出人的短處，然後抓住這個短處，透過其他方式對這些人施加懲罰，從而讓他們知道自己的厲害，對自己產生畏懼感。有時，這類小人又會對這些人施以恩惠，給予撫慰，進行拉攏收買，讓這些人感到自己的好處，使他們不斷向自己靠攏，心甘情願為自己效力。

李蓮英是慈禧太后時期的宮內大總管，作為一名太監，曾代表慈禧太后到天津檢閱北平水師，並被賞穿黃馬褂，賜給二品頂戴花翎。這是大清開國兩百六十多年以來所沒有過的事情。

作為慈禧太后身邊的紅人，李蓮英權極一時，聲名顯赫，朝廷內外大臣，無人敢

惹，甚至親王，也要讓他三分。取得這樣的地位，是與他的聰明分不開的，舉個例子來講，在籠絡人方面，李蓮英就特別有一套。

李蓮英在慈禧太后身邊做了多年，地位顯赫，錢也撈了不少，也得罪了不少朝廷中人，他知道朝中文武大臣和親王對他是又恨又怕，表面上還得敬他。所以他必須全力以赴，稍有不慎，就難免出差錯。並且，他也深知自己將近花甲，感到精力一天不如一天，有空總想歇一歇，可是還得拿出全副精力來伺候慈禧太后，讓她始終在自己的掌握之中。此時的慈禧太后對政治也有些心灰意懶，自從庚子之亂，辛丑回京之後，她既怕洋人，又懶得管人。李蓮英知道自己得罪光緒太深，把他囚於瀛臺，如若慈禧一死，他必然要落到光緒的手中。

為了保證自己老了以後的安全，李蓮英不能不未雨綢繆，早做打算，他在皇宮裡安插了不少親信，但這些人能力平庸，不能託付大事。李蓮英早就算計到，慈禧太后死了也不會讓光緒帝執政，而是讓清朝大權落到光緒皇后的手裡，如果自己的人能左右光緒皇后，那麼他李蓮英就可以確保萬無一失了。為了尋覓一個這樣的人，李蓮英花了不少工夫，後來他終於發現了小太監小德張。但他並沒有急於向小德張攤牌。

這一年，小德張進宮跟隨常連忠學戲，很快他便成為宮內南府戲班的名角。有一次，慈禧太后讓楊小樓的戲班子進宮演戲，同時也讓宮內的南府戲班演出，有讓他們比賽的意思，誰演的好，就獎賞誰。自然，楊小樓的戲班子技高一籌，慈祥太后很高興，對李蓮英說：「蓮英哪！小猴子今天很賣力，應該賞他們，賞他們多少好啊？」「老佛爺聖明，小猴子今天確實賣了力氣，應該多賞他們一點，不過南府戲班跟小猴子一比，可就有點不那麼痛快了，老佛爺您覺得呢？」慈禧太后點了點頭，道：「賞給小猴子他們二百兩銀子。」楊小樓趕緊叩頭謝賞。這時，小德張和南府戲班的人一見楊小樓他們領了那麼多賞錢，很眼紅。正當他們眼紅的時候，忽聽上面傳話：「南府戲班！」大家心裡很高興，以為慈禧太后也要對他們封賞。他們來到慈禧太后面前，剛一跪下，就聽慈禧太后拉著長聲說道：「你們這幫狗奴才，這差是怎麼當的？人家是人，你們也是人，為什麼人家就比你們唱得好！就是人家肯下工夫，你們當差不認真。來人哪！每人賞二十杖，常連忠、小德張每人賞四十杖。」一句話將小德張等人都嚇呆了，前幾天太后還說要對他們封賞，今天怎麼又變了主意了呢？

小德張挨了這頓打之後，百思不得其解？於是送了些銀兩給慈禧太后身邊的小太監們，才知道原來是大內總管李蓮英在慈禧太后那裡說了他們些什麼，慈禧太后這才賞了他們一頓「棍子」。小德張一想，這事不妙，他知道李蓮英這位大內總管不好惹，如果

得罪了他，那就永無出頭之日了，就不能升大太監，發大財，想來想去，小德張意識到要想平步青雲，只有照著李大總管的方法走。此後，小德張除了送銀兩給李蓮英的貼身太監外，一有機會，他就向李蓮英獻殷勤，讓李蓮英對自己產生好感。過了一段時間，他透過內線得知李蓮英對自己的看法有了改變，便找了一個合適的機會，跑到李蓮英那裡，要拜李蓮英為師，這正中李蓮英下懷，便收下小德張為徒，為自己又拉攏了一個忠實的追隨者。

想要在人生戰場上攻無不克，橫掃千軍，方法或許有很多種，但原則終究只有一個，就是不輕視敵人，充足準備且懂得靈活多變。

人生悟語

記住，這種人都是心狠手辣的，為達到自己的目的不擇手段，為了收買你，甚至會先設計害你再救你，讓你對他感恩戴德，聽命於他。所以我們要認清這類人的嘴臉，不為小恩小惠所打動，不受他人所制。

借刀殺人，暗使「黑招」

人與人之間的關係不外乎利用與被利用的關係。既然已經是一種人盡皆知的潛規則，那麼如何巧妙地掩飾手段就成為了決勝的關鍵。

歷史上的某些人物說的內容千篇一律，但卻做著破壞正義乃至社稷安危的勾當，即如明末的溫體仁，聲稱為崇禎帝解憂，背地裡卻扳倒了自己的幾個競爭對手。

一朝天子一朝臣，崇禎皇帝即位後，挖掉了以奸宦魏忠賢為首的閹黨集團，同時也不斷補充閹黨空出來的朝官。

明朝內閣體制限定六名成員，禮部侍郎溫體仁，由於資歷、名望不夠，不在推薦名單之上，但他找到了另一個「同病相憐」的禮部尚書周延儒，他們選中名列會推名單之首的錢謙益作為突破口，向崇禎呈交了所謂的「神奸結黨」疏。疏中惡語攻擊錢謙益，翻出陳年舊帳，借題發揮，專揀崇禎帝深惡痛絕的罪名扣在錢謙益頭上。就在熹宗天啟二年，錢謙益受命主試浙江，考試後錄取嘉禾才子錢千秋為省試第一名。後來發現錢千秋的作文試卷中引用了一句俚俗詩：「一朝平步上青天」，不想這句詩觸到了當權者的忌諱，便定下罪名，取消了錢千秋的會試資格，並遣戍邊地。錢謙益也因此而受到牽

連，先是被罰了俸祿，後被削職為民，遣回原籍。

這已是六、七年前的舊事了，況且錢謙益早已被召回朝廷，官復原職，取得了熹宗的原諒。溫體仁在奏章中不僅舊案重提，而且誣陷其結交黨朋、營私舞弊、貪汙受賄、包藏禍心等不實之罪。這幾種罪名都是崇禎帝平生最憎恨的，看完奏章，崇禎便勃然大怒。

第二天朝會的時候，文華殿內莊嚴肅穆，文武大臣分立兩側，年輕的皇帝朱由檢高高在上，龍顏含威，巡視著朝堂上的每個人。崇禎雖是明朝的末代皇帝，但他自登基以來就勵精圖治、奮發圖強，一心振興國家社稷。他以唐宗宋祖要求自己，勤政節儉，事必躬親，但是崇禎身處末世，朱家王朝如日落西山，人力難回；另一方面，崇禎剛愎自用、喜怒無常、多疑孤僻，且又主觀急躁，處理朝政往往失於明察。此時，崇禎的臉色陰沉沉的，他多看了一眼錢謙益，見他面帶春風，眉挑得意，心中一陣厭惡，隨即命侍臣傳令，讓錢謙益與溫體仁當廷對質。

此舉真如同晴空霹靂一般，擊得錢謙益措手不及，溫體仁則言辭咄咄，氣勢逼人。對於溫體仁的突然發難，朝臣們也感到氣憤不平，紛紛挺身為錢謙益打抱不平，指責溫體仁的居心不良，於是展開了一場激烈的爭辯。溫體仁見自己反成了眾矢之的，便向崇禎搬弄是非說：「臣此次會推不與，本應避嫌不語，但選舉閣臣事關宗社安危，錢謙益結黨受賄，舉朝無一人敢言，臣不忍見聖上遭受蒙蔽、孤立無援，才不得不說。溫體仁危言聳聽，卻字字落在崇禎的痛處，他最恨大臣結黨營私、腐敗受賄，他又最怕大臣們蒙蔽欺騙他，所以，崇禎認定溫體仁忠心耿耿，對錢謙益更恨一層。

崇禎自作聖明，不肯偏聽偏信溫體仁的一面之詞，便問大臣們錢謙益可有結黨受賄之事。周延儒搶先一步回答說確有此事，並加油添醋渲染一番。大學士錢龍錫、吏科給事中章允儒等人站出來為錢謙益申辯，並指出溫體仁覬覦入閣，才如此刁難別人。溫體仁冷笑著挑撥說：「皇上讓臣與錢謙益當廷對質，卻有這許多人替他狡辯，足見錢謙益一向交結私黨。乞望皇上明察。」

多疑的崇禎果然被激怒了，嚴詞斥責了錢龍錫等人，並詔令將章允儒等人降職處治，錢謙益也被罷了官，遣送回籍聽候發落。

錢謙益事件過去後，朝中大臣餘憤未平，有幾人上書參劾溫體仁。御史毛九華揭發溫體仁：居家時倚勢壓人，強買商人木材，此事敗露後，又賄賂閹黨崔呈秀為其解脫罪責，得以免究；杭州魏忠賢祠堂落成，溫體仁大獻媚詩，為逆賊魏忠賢歌功頌德。御史任贊化也上書告發溫體仁娶娼為妾傷風敗俗，收受賄賂腐化無德，奪人家產傷天害理。

這次輪到溫體仁主動向皇上提出辭職，並申訴自己因為秉公辦事而得罪了百官，現在卻遭到奸人報復，處境孤危，竟無一人替自己說句公道話。溫體仁再一次利用了崇禎厭惡朝臣結黨的心理，博得了皇上的同情。他又趁熱打鐵，誣告揭發他的毛九華、任贊化都是錢謙益的死黨，使錢謙益事件再起風波，溫體仁渾水摸魚，個人威風大盛，進一步為他擠入內閣鋪平了道路。

果然，兩年以後溫體仁進入內閣，參與機要。

人生悟語

一部武俠劇中有個很正派的武功，就是「以眼還眼，以牙還牙」因此用這個來對付小人的借刀殺人應該是對症下藥了。小人的借刀殺人與其他的利用關係不同，因為小人必然是以傷害他人為目的，不可能與別人達成一致的結果，所以我們要毫不保留的給予反擊。

虛偽做作，道貌岸然的偽君子

小人大都是專門不擇手段以博取美名的無恥之徒，雖然有些人因統治階級的內部鬥爭使醜行敗露而身敗名裂，但絕大多數卻憑藉其「美名」而飛黃騰達。

在聲譽日隆的情況下，王莽更熱衷於製造沽名釣譽的「激發之行」，即使這些事情有時暴露了他虛偽做作的本色，他也處之泰然，毫無愧色。王莽的兄長王永早死，留下一個兒子王光。王莽對這個姪子十分盡心，視同己出。他為王光選拜一位儒學博士作老師，登門求學。他還經常去拜望這位博士先生。每次去時，他必然鄭重其事地沐浴，然後穿戴齊備，乘車前往，攜帶羊、酒等大量的禮物，對老師慰勞有加，同時，惠及所有同學。正因為如此，每逢王莽來拜望博士時，總引得學生們前來圍觀，使長老們讚嘆不已，使學生和家長們對王莽產生由衷的敬畏和感激。

王光的年齡小於王莽的長子王宇，王莽故意讓二人同時娶妻，並擺下盛宴招待四方賓朋。這一天，王莽的府邸張燈結綵，鼓樂悠揚，賓客盈門，熱鬧非常。王莽陪同一班最尊貴的客人飲宴。在觥籌交錯，歡聲笑語的筵席上，有侍者幾次悄悄告訴王莽，他的母親服藥的時候到了，王莽於是數次離開宴席到後堂探視，服侍母親用藥。賓客們目睹

這一情景，都對王莽嘖嘖稱讚。借著這些賓客之口，王莽大孝的美名便不脛而走，四處傳揚了。

在此前後，王莽曾偷偷地買過一個漂亮的侍婢。這在當時達官貴人的圈子裡，本來就是平常而又平常的小事，放在一般人身上，絕不會引起什麼風波。但是，由於王莽一貫以正人君子自居，世人也對他刮目相看。所以，他那一群終日聲色犬馬的兄弟們便對其竊竊私議起來，譏諷他是一個偽君子。王莽了解這一情況後，當機立斷，煞有其事地對他的兄弟們說：「我聽說後將軍朱子元沒有兒子，有人說這個女子宜於生兒子，我是特地為朱將軍而買的。」說完，立即命人將這個侍婢盛裝乘車送到朱子元家裡。

朱子元，名博，時任後將軍，王莽為什麼傾心與之結交呢？原來朱博是一位政績卓異的官吏，在朝野頗有盛名。他與王鳳、王立等王氏外戚集團的重要人物相友善，其升遷更與相繼輔政的王鳳等權勢人物息息相關，所以，朱博自然也就成為王莽傾心結交的對象。因為與這等人物結交，不僅可以抬高自己的身價，而且可以透過他進一步拉近和諸位叔父的關係。

由於與朱博結交甚早，王莽對朱博的經歷、品性以及家事瞭若指掌，他知道朱博人到中年，還只有一個女兒。所以，當面對兄弟輩的譏諷時，他靈機一動，就把這位侍婢送到朱博的家裡。這一招果然很有效，王莽諸兄弟們的竊竊私議不僅戛然而止，而且又使王莽關心朋友勝過自己的美名傳遍遐邇。王莽的匿情求名，不但把自己的醜事輕巧遮過，還留下一個處處為別人著想的好印象。由此可以看出，王莽做作虛飾，沽名釣譽的手段，多麼用心良苦！

在封建社會，「禮」是靠輿論來監督的，因而，名對於一個官員來得非常重要。作為好名的封建士大夫，一般總喜歡在自己臉上貼著愛民如子的標籤，以便揚名萬世，但是又抵不住金錢美女的刺激，也抵不住更大官位的誘惑。在這種矛盾的情況下，於是表面上裝得非常的清高，裝得非常的憂國憂民，裝得非常的廉潔奉公，口裡呼喊著漂亮的口號，但是內心卻在卑鄙的盤算著個人的利益。這就是所謂的「滿口仁義道德，一肚子男盜女娼」。

王莽是一個始終戴著假面具生活的人，他深諳封建社會中名、利、權三者之間的利害關係。所以，他在即位做皇帝以前的一段時間內，千方百計地去追逐那些封建道德所肯定的忠孝節義的虛名，而有意識地放棄一些小權小利，王莽這樣做取得了相當大的成功，使他贏得了超過王氏宗族中任何人的聲望，從而為以後他代其諸父輔政並走向權力的巔峰創造了條件。

人生悟語

如果一個人總是刻意藏起本來面目，做事遮遮掩掩，矯揉造作，就可能是心懷不軌之輩。

第七章　吹牛大王：吹牛拍馬以欺騙為能事

有的人喜歡自吹自擂，一張口就開始吹，一有機會就趕緊吹，以吹得盡興為樂，以吹得別人相信為喜，做起事來卻又像是變成了另外一個人。這種人喜歡開支票，任何事情他都可以答應，不只是如此，他還可以主動承諾為你做任何事，可是每一張支票都是「空頭支票」，無法兌現。這樣的人有真才實學的不多，但其假本事，歪本事卻不少。你可以蔑視他，卻不可以忽略他，一定要多加防範。

「空頭支票」，無法兌現

一個人的價值在於他完成了什麼樣的事情，不在於他說了什麼話。只會使用華麗的辭藻高談闊論，是毫無用處的，那樣只會招來殺身之禍。

有的人喜歡自吹自擂，一張口就開始吹，一有機會就趕緊吹，以吹得盡興為樂，以吹得別人相信為喜，做起事來卻又像是便成了另外一個人。

這種人喜歡開支票，任何事情他都可以答應，不只是如此，他還可以主動承諾為你做任何事，可是每一張支票都是「空頭支票」，無法兌現。這種人有的是把開支票當成習慣，並非惡意，也非有意，但這種習慣會造成他把承諾不當一回事。

在生活周遭或者工作場合，我們常常會碰到善於吹牛並且強詞奪理的人。千萬不要和這種專逞口舌之能的人做朋友，應該儘早和他們疏遠，即使因為種種因素無法擺脫他們，也應該設法保持一定距離，防止他們走進自己的生活圈，否則最後受害的將是自己。

在現實生活中，也有許多喜歡動口不動手的人。有的人胸無點墨，只會仗著一張嘴大說歪理，試圖以花言巧語矇騙對方。

有的人本身成事不足敗事有餘，從未做過像樣的事情，卻口若懸河把自己說得如何傑出。有的人明明是混不出名堂的窮光蛋，卻老是幻想自己是億萬富翁，開口閉口都是巨額的投資計畫；有的人連自己都無法駕馭了，卻可以大言不慚地談論領導祕訣。

目前社會中，這種不學無術的人到處可見，我們應該小心地加以防範，千萬不要被誇大不實的謊言所矇騙。

相對的，我們也應該時時提醒自己，要腳踏實地去實踐自己的計畫和理想，不要淪為滿腦子想法，只會用嘴巴建造空中樓閣的人。

必須記住，一個人的價值在於他完成了什麼事，不在於他說了什麼話。

沒有內涵，卻善於耍弄詭辯自欺欺人的人，永遠也成不了大事。

人生悟語

在日常生活中，我們應該多做點實實在在的事，少耍嘴皮子玩弄詭辯的花招。同時，對於那種光會耍嘴皮子說大話的人，也要敬而遠之，千萬別把他們當作好朋友交往。

見人說人話，見鬼說鬼話

溜鬚拍馬的人在生活中隨處可見，而且還是大受歡迎的人物。俗話說的好：「出手不打笑臉人」，這種人屬於嘴巴甜的類型，不管認識你多久，在短時間內他會把你哄的舒舒服服，讓你找不出他的任何毛病。

從古到今，多少帝王朝代，就是被這種嘴巴甜的人弄垮的。連拍馬屁者自己都知道自己這種人是靠不住的。

人多的地方就都有那麼幾個馬屁精，其實馬屁精也許算不上十惡不赦，但如果拍馬屁是建立在貶低他人而取悅另一人的基礎上，那這個馬屁精就極其討厭了。

阿強就是這樣一個馬屁精。

阿強最擅長的手段是待人因人而異，見風使舵，只要有利用價值就無所不拍，拍領導，拍有背景的同事。可惡的是他拍他人時經常貶低別人，一次他剛得知新來的同事小王是公司總經理的親戚，就巴結小王說：「呀，這條銀色外套配上妳這件羊毛衫真是呱呱叫，如果小李穿上就不好看，她沒妳白，穿衣服又沒品位，是地攤服裝的爛衣架。」

別人總是受到他的這種貶損，心裡特別憤怒，但又不想與之當面爭執。為了懲罰他，小李就漫不經心地對一個愛傳小道消息的同事說小王是麥可．傑克森的歌迷，又說她的男朋友長得高大英俊，另外小王唱歌很好聽，就像王菲。

這些話很快傳到阿強耳中。第二天，他就送給小王一套麥可．傑克森的專集，小王連連擺手說：「不聽不聽。我最討厭麥可．傑克森了，男不男女不女的。」阿強一愣，趕快轉舵道：「其實我也不喜歡他。對了，聽說妳男朋友是個很棒的足球運動員，什麼時候讓他指點一下？」王聽了有些不悅：「我不喜歡談私事。」

阿強倒是很識相，接道：「晚上有沒有空？我們一起去唱歌怎麼樣？反正是週末，我們開心唱一夜。」王搖頭說不去。阿強勸道：「去吧，我還對我的同學說妳是第二個王菲，今天要帶個歌后去找她呢。」小王說：「妳邀請小李呀，我們是高中同學，她可是我們學校的『歌后』。」

阿強一聽不再說話，訕訕地回到自己的辦公室，他從小王的冷漠裡似乎明白了什麼。後來他知道了：原來小王最討厭麥可．傑克森；小王的男朋友腳有毛病，走路都不靈光；小王是公鴨嗓子，根本不喜歡唱歌。自此阿強拍馬屁時，再也不拿別人當墊背的了。

碰上這樣的「馬屁精」，千萬不要被他的吹捧迷惑，更不要飄飄然不知所以，而應

時刻小心謹慎，盡力使自己和這類人保持一定距離。應更冷靜地觀察對方的舉止行為並準確分析對方吹捧你的真實目的。

如果他透過貶低你來拍他人，就以其人之道還治其人之身。當面揭穿小人的面目和行徑，讓其顏面無存不敢再害人。

切記可以厭惡對方的小人行為，但絕不要厭惡他們的人，在反對他們小人作風的時候，千萬不要傷害他們的自尊心。

人生悟語

溜鬚拍馬的人往往工於心計。我們沒有必要和他成為敵人，也不要去得罪他，平時見面笑臉相迎，客客氣氣。如果我們故意的去鼓勵他或者是得罪他，他就可能把你當作自己的墊腳石。值得我們注意的是，一旦這種人對你溜鬚拍馬起來，他可能就對你另有所圖，不要因為他的幾句甜言蜜語所蒙蔽，他不真正的對你好，而是有事情求助於你。

說大話，不臉紅

美國作家霍姆斯（John Clellon Holmes）曾經說過：「說話有如彈琴，如何讓它停止發出聲響，和如何讓它奏出音樂，兩者同樣重要。」這就告訴我們，不管在什麼情況下，小心謹慎永遠比吹牛來的重要。

吹牛，在人們的生活中是司空見慣的事，但有時候，吹牛是一種精神人格異常的表現。

在精神醫學中有一種「誇大妄想」的行為，其表現之一就是吹牛。有這種妄想症的人在與他人交談時會說得天花亂墜，內容往往脫離客觀現實，甚至是「天方夜譚」。他們常把自己描繪成才能驚人、權力無限、財富巨大、無所不能的奇人，並且誇大妄想所談的內容還會隨時間和環境的變化而變化。

誇大妄想的初期，患者吹牛的內容破綻不一定明顯，有些聽者甚至會信以為真，在不知不覺中成為其追隨者，有時甚至會上當受騙。隨著病情的發展，患者的病態思維就會變得毫無邏輯，吹牛內容也隨之破綻百出，這時候與之交談，人們才能判斷出這種吹牛行為是一種病態。

第七章　吹牛大王：吹牛拍馬以欺騙為能事

人與人交往時總想讓對方對自己印象好一點，讓別人覺得自己看起來比真實的自己更偉大些，這倒是一種正常的心態，無可厚非。所以，大家在與人談話時，多少都會有一些吹噓或說謊的成分，都會對自己有點提高和誇大，但這是有節制的。有些人故意說些誇大其辭的吹牛皮則只是當笑話說，讓談話的人都開心一點，活躍氣氛罷了，這種幽默的方式倒是蠻受人喜歡的。

有的人往往因為多話，一時口快而引起不必要的困擾，事後懊悔不已。

提供有趣可笑的話題來活躍氣氛那還算是有建設性的。但是，一本正經大言不慚地吹噓自己，並且謊話連篇地吹牛皮，那分明是虛榮心作怪，自我表現欲太強。這種人其實恰恰是很差勁的，正為了掩飾和彌補自己的缺點和不足才拚命大吹牛皮的。

少說話會降低出錯的頻率，不過相對的也會失去自己受到別人肯定的機會，這無疑是兩難的抉擇。折中的方法是，只在必要的時刻說出必要的事情，並且以正確適當的方式表達自己的想法，才是明智之舉。

有些男人吹起牛皮來真是一點都不臉紅，那真是如入無人之境，非常熟練，一點都看不出他們是在說謊。他們會吹噓自己多麼見多識廣，去過世界上多少國家，或者自己認識多少各界名人，有什麼事儘管找他幫忙，再或者自己家屬如何有錢有勢，自己工作如何輕鬆又賺大錢等等。在他們看來，「假作真時假亦真」，謊言講得多了也就變成真了，所以他們會不停地吹牛皮，不停地說謊，連他自己幾乎都認為自己的謊言是真的，完全忘了自己是誰。

故意說大話謊話以欺騙女性感情，博取女性好感的男人，自然是女性要當心的。他們是有預謀的撒謊吹噓，圖謀得到女性的真情和信任，進而達到他的某種目的。

不過大多數平常愛吹噓的男人中，很多只是性格上本來就愛吹牛皮，倒不是故意要欺騙女性，他們在誰面前都是大話連篇，謊言不斷。他們和故意用大話欺騙女性的陰險男人是有區別的，他們只是為了希望得到對方的好感，而不管對方是誰，下意識裡多半沒有想騙人的意思。

這種本性就喜歡大言不慚吹牛皮、也吹慣了牛皮的男人，事實上到頭來在現實生活中還是做不到他嘴裡所說的地步的。而且他們感情善變，喜好過虛榮奢華的生活，也常因太過吹噓而被聰明的人捉弄。他們在牛皮被吹破時，也會有歇斯底里的傾向。所以，要與這樣的男人交往結婚的話，女人最終只是得到了一個吹破了的牛皮鼓。成婚之後女性才會感嘆這個男人吹牛皮工夫的厲害，竟然會吹得自己同意嫁給他。

人生悟語

說話時要看緊自己的舌頭，別只顧一味的去吹牛，看緊自己的舌頭，注意謹言慎語，不要圖一時之快而為自己招來殺身之禍。

用謙遜來克制吹牛

話最多的人是最不聰明的人。一個演說家和一個拍賣者，幾乎沒有分別。雖然從兩者中選擇一種方法運用，常會產生許多障礙，但是，可以迫使處於疑惑不決的對方，朝著你所希望的方向去選擇。

湯馬斯．傑弗遜（Thomas Jefferson）是美國第三任總統。一七八五年他曾擔任駐法大使。一天，他去法國外交部長的公寓拜訪。

「您代替了富蘭克林先生？」外長問。

「是接替他，沒有人能夠代替得了他。」傑弗遜回答說。

和這樣一個人成為朋友，難道不是一種人生的恩賜嗎？

傑弗遜的謙遜讓世人留下了深刻印象。謙遜的目的，並不在使我們覺得自己的渺小，而以我們的權力來了解自己以及對人類的貢獻。除了傑弗遜，愛因斯坦和甘地等這些偉人，都是謙遜為懷者。當然，他們並不自卑。他們對自己的知識，服務人群的目標，使世界更趨美好的願望，都充滿了自信心。

謙遜並非自我否定，它是自我肯定，信任我們為人的正直與尊嚴。謙遜是成功與失敗的融合。我們對於過去的失敗有所警惕，對於現在的成功有所感念。我們不能讓成敗支配自己。謙遜具有平衡作用，不讓我們超於自己，也不讓我們劣於自己，也不是讓我們高人一等或屈居人下。謙遜即是寧靜，使我們不致受往日失敗的拖累，也不致因今日的成功而囂張。謙遜是情緒的調節器，使我們保持自我本色，保持青春常駐。

謙遜具有下列八種成分：

①誠懇：誠以待己，誠以待人。

②了解：了解自己所需，了解他人所需。

③知識：悉知自我的本色，不必模仿他人。

④能力：擴張聆聽與學習的能力。

⑤正直：建立自我的內在價值感，忠於這份感覺。

⑥滿足：建立心靈的平和，不需小題大做。

⑦渴望：尋求新境界、新目標、新成功，並且付諸實行。

⑧成熟：成熟是彩虹盡端的黃金。你能因成熟而了解謙遜，因謙遜而獲得成功。

謙遜並不表示謙卑。它需要時間來培育，但這是值得的，因為它是快樂的源泉。或許，英國小說家詹姆斯．巴里（James Matthew Barrie）的話最為中肯：「生活，即是不斷地學習謙遜。」

真正的智慧總是與謙虛相連，真正的哲人必然像大海一樣寬厚。一個人只有了解得越多，他才會認識到自己知道得很少。這是一條人類認識的規律。一個學生認為自己已「學有所成」，去向老師辭行，這位老師深知這位學生的底細，看著這位「學有所成」的學生，這位先生慨然道：「事實上，我自己才剛剛入門。」

一瓶水不響，半瓶醋晃盪。淺薄的人總以為上天下地無所不知，而富有智慧的哲人才深感學海無涯，唯勤是路。

牛頓曾有感於此，他說：他只不過是一個在大海邊拾到幾枚貝殼的孩子，而真理的大海他還未曾接觸。

學識豐富的人，由於對知識過於自信，多半不容易接受別人的意見。知識要豐富，態度要謙虛。不僅如此，他們往往強迫別人接受自己的判斷，或擅自做決定。一旦這麼做，將會導致什麼後果呢？對！被壓制的人，會覺得受到侮辱、傷害，而不會心甘情願地聽從。他們可能會憤怒、反抗。更嚴重的，也許會訴諸法律。

為避免上述情況，隨著知識量的增加，你必須要更加謙虛。即使談到自己有把握的事，也要裝出不太有把握的樣子。陳述自己的意見時，切勿太過武斷。若想說服別人，就先仔細傾聽對方的意見。這種程度的謙虛，是不可或缺的。要是你討厭被批評為假道學或俗不可耐，也不喜歡被認為沒有學問，那麼，最好的方法就是不要故意賣弄學問，用和周圍的人同樣的方式說話。不要刻意修飾措辭，只要純粹地表達內容即可。絕對不可讓自己顯得比周圍的人更偉大，或更有學問。

知識恰似懷錶，只要悄悄地放在口袋裡就好。沒有必要為了炫耀而從口袋中取出來，也不必主動告訴別人時間。若有人問你時間，只要回答那個時間即可，因為你並不是時間的守護者，所以假如別人不問，也不必主動告知。

學問，好似不可缺少的有用裝飾品。如果你身上少了這樣東西，想必會覺得很丟

第七章　吹牛大王：吹牛拍馬以欺騙為能事

臉。不過，為了避免犯下前述的過錯而招致誹謗，則必須十分謹慎。

有人說：「對成功不引以為意的謙虛者，非常了不起。」這句話是至理名言。勝不驕，敗不餒的確不凡。每分每秒都要積極地生活，給予自己快樂，並與他人分享。

謙虛的反義詞是浮誇和虛榮。浮誇和虛榮腐蝕人性，但幾乎沒有人逃過它們的誘惑。

有虛榮之念，易生自滿之心。在虛榮自滿的憧憬裡，以為自己功成名就，事實上你自己知道離成功還遠。在自築的象牙塔內，你故作姿態，想引起注意，但就像在大理石上搔癢一樣，不會有任何作用，等你明白事情真相後，則變得討厭自己，失落了自己。你不要過於尋求理想的自我和偉大的目標。

虛榮浮誇除了帶來失敗之外，一無是處，是在玩一場注定失敗的遊戲。加入夜郎自大俱樂部會員以前，你最好多加考慮。虛榮浮誇將使你成為必輸無疑、不能放鬆的暴君。

避免虛榮的祕訣是：勿苛求自己，勿強調成功。做自己的好朋友，你就會成為別人的好朋友，誠如這句名言所言：「對自己的光榮絲毫不引以為傲，你就是真正的不凡。」

可見，謙虛是一種難得的美德，與一個謙虛的人交朋友，實在是件好事，但是和那些常說大話，目中無人的人交朋友恐怕就不會愉快了吧。

人生悟語

在日常生活中，遇到吹牛的人，與其消耗時間和他做沒有結果、徒傷感情的爭論，趕快找個藉口離開，因為這種人會浪費別人的生命，不如到戶外做做運動，至少這樣不會傷害自己的身體。

弄巧成拙，搬石頭砸自己的腳

只要不是事實，無論你把話說得多麼精彩，多麼富有這裡，多麼具有真實性，也很難讓別人心服口服，反而會使別人懷疑你的人品。

成功的歡樂不亞於嘗到幸福的果實，成功的希望牽拽著每顆跳動的心靈。可是，在追求成功的奮鬥中，信心、自信固然是支柱，可有人卻攜帶了自我吹噓這顆毒瘤。

事實只有十分之一，或者連十分之一都不足，說話卻說到十分，虛多而實少。有的

第七章　吹牛大王：吹牛拍馬以欺騙為能事

人靠一條三寸不爛之舌，說得非常動聽，一部分人也許會上他的當，信以為真。比方他對於某種學問技術不過初窺門徑，還未登堂，更未入室，居然自命為專家，到處宣揚，不認識他的人不易拆穿，這叫做吹牛唬人。

比方他對於自身經歷，說得津津有味，某事是他做的，某計畫是他擬的，某問題是他解決的。好像他是足智多謀，好像他是萬能博士，不是參與此事的人，自然無法證實其虛構，這叫做吹牛盜名。

比方他的事業並無什麼發展，他卻說如何有把握，手中的貨物如何充分，某批生意賺多少錢，說得大家有些動心，這叫做吹牛欺人。

有的人與某一位名人實在沒有多少關係，他卻對人說某人如何器重他，某人如何看重他，某事曾和他商量過，某事曾由他經手過，把某人的私生活起居，描寫得十分詳細，不是有關係的人自然不易拆穿，這叫做吹牛借勢。

自我吹噓的動機是表示他了不起，騙得大眾的信任或者借此提高他的身份和施其某種詭計，凡此都是不合道德的。

英國的培根先生說：「自誇自賞為明智者所避免，為愚蠢者所追求。」自我吹噓的出發點有虛浮不實的嫌疑。若把自我吹噓當成一種人生的技巧和手段，則這種手段是笨拙的，有朝一日曝光，會遭人嘲弄的。本來，你是個什麼樣子，能夠做成什麼和已經做了什麼，都客觀地存在著，別人皆看得一清二楚。自我吹噓、自我欣賞一下，無非是擔心自己的長處、優勢鮮為人知，以致名不彰、聲不顯。說到底，自我吹噓，只是在於強為自己揚名罷了。

有時候，自我吹噓的手段能夠給自己帶來揚名的好處。但是，這種名聲猶如水上陌、纖中塵，是一個虛假之名。它經不起實踐的推敲，更耐不住時間的檢驗。虛假之名如同肥皂泡，一吹即滅；如同朝露，太陽照射即會消逝。

自我吹噓的場合和範圍是十分有限的。你只能在陌生的場合，對著一些不認識你、不了解你的人來自誇一番。因為人家暫時不了解你，你或許能一時欺騙和蒙住別人，可以讓別人暫時錯誤地以為你何等偉大、何等高明。但是，如果因你的自誇而真正引起了別人的關注，乃至引起了別人的崇拜和尊敬，那你就慘了。崇拜和尊敬你的人遲早會了解你，發現你的廬山真面目，發現你是個吹牛大王。那時候，人家就會鄙視你，對你不屑一顧了。你繞了一個圈，一個可憐的騙人圈套，到頭來弄巧成拙，搬石頭砸自己的腳。

人生悟語

有句諺語說的好：「世上沒有誠實的狐狸，也沒有吃素的老虎。」在現代社會，在與人相處時，必須要謹言慎行，別搬了石頭砸了自己的腳，到時候後悔莫及。

自我吹噓，壯大聲勢

有些人就是喜歡誇讚自己的能力，如果你願意聽，他可能就會成為無所不能的人。但事實上，他的能力是有限的，只因為他心虛，所以才靠吹牛來幫自己壯大聲勢。

雖然有輕重的差別，但是，有的人就具備「吹牛」的要素。其中的佼佼者，莫過於「吹牛男爵」的冒險故事。

「我在海裡游泳。突然間，有一條巨大的魚兒把我吞下肚裡。天啊……牠的胃袋又寬敞又黑暗。我就在牠的肚子裡跳踢踏舞。如此一來，魚兒驚駭異常。牠向我投降，於是才把我吐了出來……」

此人心平氣和地說出「牛皮之語」。聽了他這一句話，就是孩童也知道他是騙人

自我吹噓，壯大聲勢

的。不過，像這個男爵一般的人，仍然大有人在。從美國回來的政治家，在機場被一群記者包圍時，擺出架子說：「真想不到，我隨便吹噓幾句，國務卿就嚇住了。他很感動地要求跟我握手。」男人為何那麼喜歡吹牛呢？難道男人笨得不知道聽到的人會「戳破」牛皮？

事實並非如此。男人都是由於「自我展現欲」作祟，所以才喜歡吹牛。

換句話說，在那一瞬間，想誇示自己的欲望，壓倒了「牛皮會被戳破」的判斷，使他陷入麻痺狀態。吹牛皮的男子，望著聽者感嘆的表情（事實上是發愣的表情），就會進入一種自我陶醉之境地。

對吹牛包含自我陶醉的說法，也許有一些人會感到莫名其妙。

但是，一朝你明白吹牛時的心理狀態——具有爽快感，叫人感到激昂興奮——的話，你就會同意這樣的分析。除此之外，吹牛時，現實與幻想會混淆在一起，使當事人誤以為是真的，以致使他所說的話會增加幾分逼真。只要洞察這兩點，你就可以恍然大悟。

男人的吹牛內容有兩大類，一種像上述吹牛男爵一般，目的無非是要給聽到的人「意外感」。並且也喜歡看到聽者睜大眼睛，說上幾句「哇！」「噢？」「老天！」等的

感嘆詞。

另一類就是富有服務精神的男人。因為在沒有任何人要求之下，他可以對著一席的人，滔滔不絕地談論個沒完。同時，他也具有旺盛的「獲得注意欲」。

總而言之，他只是千方百計的要周圍的人注意他罷了。例如在酒吧時，他也可以在陌生人面前胡謅一陣子，那些人聽後會對他說：「這些都是你胡謅出來的，對不對？」他不但不生氣，反而會莞爾一笑。

逢到祝賀或者撫慰的場面，喜歡以德尊望重的身分，揀一些他人的牙慧，以三寸不爛之舌，說一些似曾聽過的名言，也是屬於這一類的人。

在一般的情形上，「吹牛」可說是沒有惡意，也無傷大雅的謊言——不過，還有一種就像政治家似的，暗藏著自我宣傳之嫌的「吹牛」方式。這一件事，無非意圖「自我重新受到評價」，以便抬高自己的地位而已。

「的確，他並不是泛泛之輩，可說是相當了不起的人物。」

這也就是他吹牛的真正心意。確實是膚淺之舉，足以令人萌生「可憐又可悲」的念頭。不過叫此輩恰到好處的吹噓一下，也可以助長談話的興頭。當他逐漸得意忘形，感到前後語句不能連貫時，難免也會露出馬腳。反過來說，絕對要克制自己，以免受到他的蠱惑。

「那時我正埋首於發明，有某位女性對我展開熱烈的愛情攻勢……不過，當時的我……」

諸如此類，藉用回憶式的告白型「吹牛」很可能會使你上鉤，你得特別注意。

此類「吹牛」狂想曲的喇叭，有時還是會發出種種不同的音色。你必須仔細地加以分辨。

人生悟語

這種喜歡吹牛的人，由於虛榮心或榮譽心的驅使，認為交友越多越好，本事越大越好，所以什麼事不加考察，希望大家都知道自己。對這種人，不可貌相，也不可輕信，更不可深交。

狂妄等於失敗

人是很怪的。有的人依恃著自己的才能、學識、金錢等等，便目空一切，狂妄自大。「狂」其實是不好的，要不得的，它的本意指狗發瘋，如狂犬。做人如果與「狂」相結合，便會失去人的常態，便會產生不文雅的名聲。

人們稱狂妄輕薄的少年為「狂童」，稱狂妄無知的人為「狂夫」，稱舉止輕狂的人為「狂徒」，稱高傲自大的人為「狂人」，稱放蕩不羈的人為「狂客」，稱狂妄放肆的話為「狂言」，稱不受拘束的人為「狂生」……

狂妄與無知是聯繫在一起的，「鼓空聲高，人狂話大」舉凡狂妄的人，都過高地高估自己，過低地低估別人，他們口頭上無所不能，評人評事誰也看不起，總是這個不行，那個也不行，只有自己最好；在他們眼裡，自己好比一朵花，別人都是豆腐渣，不是嗎？

有的人讀了幾本書，就自以為才高八斗，學富五車，無人可比，比擬現時的文學大家、科學巨匠全部不在話下；有的人學了幾套拳腳，自以為武功高強，身懷絕技，到處稱雄，頗有打遍天下無敵手的氣勢。然而，狂妄的結局是自毀，是失敗。

《三國演義》裡，有一個禰衡，堪稱「狂夫」。他第一次見曹操，把個曹營中勇不可擋的武將、深謀遠慮的謀士，人人貶得一文不值。他貶低起人來，十分熟練，如「荀彧可使弔喪問疾，荀攸可使看墳守墓，程昱可使關門閉戶，郭嘉可使白詞念賦，張遼可使擊鼓鳴金，許褚可使牧牛放馬，樂進可使取狀讀詔，李典可使傳書送檄，呂虔可使磨刀鑄劍，滿寵可使飲酒食糟，于禁可使負版築牆，徐晃可使屠豬殺狗。夏侯惇稱為『完體將軍』，曹子孝呼為『要錢太守』。其餘皆是衣架！飯囊！酒桶！肉袋耳！」

禰衡稱別人是酒囊飯袋，稱自己卻是「天文地理，無一不通；三教九流，無一不曉；上可以致君為堯、舜，下可以配德於孔、顏。豈與俗子共論乎！」更有甚者，當曹操錄用他為打鼓更夫時，禰衡擊鼓罵曹，揚長而去。對這種人，曹操自然不肯收留。禰衡又去見劉表、黃祖，依然邊走邊罵，最後被黃祖砍了腦袋，做了個無頭狂鬼。

人們常說：「天不言自高，地不言自厚。」自己有無本事，本事有多大，別人都看得見，心裡都有數，不用自吹，更不能狂妄。沒有多少人樂意信賴一個言過其實的人，更沒有一個人樂意幫助一個出言不遜的人。不論是莊子還是老子，都勸人要以謙抑為上，不可自作聰明地展現、誇耀自己的才能和實力。只有這樣，才能不被人嫉妒，才能真正達到自己的目的。

人生悟語

凡人皆有得意之時，但「君子得志平常，小人得志必猖狂」。因為君子志在遠大，一時的得意，不會產生患得患失的心理。小人器小易盈，小人有所得便會形於辭色，得意忘形。

摘掉小人的「面具」

世上騙子很多，稍不留神就容易被其傷害，因此，平時要多長幾個心眼，認清哪些人最可能騙你。例如，某人可以從你這裡得到不少好處；某人覬覦你的什麼東西；某人一定要你接受他的建議等等，這些人都有可能騙你。

不迷信一個人的過去。一個人過去從來沒騙過你，並不能肯定他現在不騙你。

不受外表的蒙蔽。一個人誠實與否，是不能用眼睛看出來的。

要積極揭露騙子。如果你發現了一個騙子，不能睜一隻眼閉一隻眼就算了，這樣他會繼續行騙。

你要表明你只信事實。讓人們都知道，你只尊重說實話的人。

聽到不愉快的事，不要緊張、生氣，否則，別人只會覺得你很好騙，下次繼續騙你。

要識別騙子騙人的手段其實很簡單，告訴你一個特別直觀的判斷方法，你可以觀察他的嘴巴，人在說謊時，大多會覺得嘴唇和喉嚨會發乾，因此常用舌頭舔自己的嘴唇並使勁地吞咽。也可以觀察他的手腳，人在說謊而感到不安時，會用手指輕敲桌面或椅子扶手。腳輕敲地面也是一樣的道理。還可觀察眼睛，你的朋友在說謊時，眼神往往不敢與你對視，這是最強烈的暗示。

另外，說謊的人往往會不經意地扯衣服上並不存在的皺褶，或彈並不存在的灰塵。這樣可以避免與對方目光接觸。說謊的人會不斷地整理領帶或項鍊。這一動作只能表示對方心裡不安。

此外，觀察腿部也很重要，人在說謊時，腿不斷翹起又分開，分開又翹起，借此舒解心中的不安。

以上說的只是生活中的小騙子，至於社會中的大騙子就更要留神了。古人指出，對於欺世盜名者要提防上當受騙，他們常表現為：無智略權謀，強勇輕戰，僥倖於外；有

名無實，掩善揚惡，進退為巧；語無為以求名，言無欲以求利；虛論高議，以為容美，窮居靜處，而誹時俗，此奸人也；不圖大事，貪利而動，以高談虛論，悅於人主；為雕文刻鏤，技巧華飾。而有此幾種表現的人歷朝歷代都不在少數。

五代十國時，南唐元宗有克復中原、再復大唐基業的大志。他攻下福建後得意忘形，認為消除天下紛亂、諸國割據的局面不費吹灰之力。但南唐與諸國相比，勢單力薄，這是不可能的事。大臣魏岑趁侍奉唐元宗酒宴時說道：「微臣少年時曾遊魏州元城，喜歡當地的美麗風物，待陛下平定中原時，微臣只求到魏州做官。」元宗聽後大喜，就答應了，魏岑連忙跪下拜謝。大家覺得魏岑說大話討好皇上是個奸佞小人，於是就紛紛遠離他。

「謊言重複一千遍，就變成了真話。」這話雖然未必完全正確，但是有一定的道理。在生活中，很多人經不住讒言的反覆攻擊，以致做出錯誤判斷。為避免上當受騙，不管別人怎麼說，都要保持冷靜的頭腦，謊言或許能為我們帶來短暫的利益，但長久來說總是弊多於利的。

謊言或許也是一項工具，但是不能不小心謹慎，否則難免傷人傷己。因而，要根據確切的事實材料，用分析的眼光看問題，而不要輕易地相信一些流言。

人生悟語

謊言對於小人來說，就像一日三餐之平常，他們可以達到臉不紅、心不跳、脫口而出，又叫人不能不信的境界，假的說成真的，黑的說成白的，方的說成圓的。

第七章　吹牛大王：吹牛拍馬以欺騙為能事

第八章　「白眼狼」：見利忘義不講原則

見利忘義是貪婪的人的典型嘴臉。這種人心狠手辣，不講原則，不顧感情，為達目的不擇手段。奉行「有奶便是娘」的實用主義原則，與人交際是為我所用，誰對自己有利就依附誰、巴結誰、緊跟誰。只知索取不知感恩的人，你把心掏給他，他也不會說你一句好話。對於這樣的人，你就應該及早和他斷絕往來，越早越好，免得他生了歹心害你。

兼聽則明，偏聽則暗

善窺上意、工於心計的小人，總是精心揣摩著別人的性格、興趣、愛憎、好惡，然後採取回應的對策。對於糊塗者，他能夠欺騙你，蒙蔽你；對於軟弱無能的你，他則欺辱控制你；對於強大的你，他會吹捧你，奉承你，以達到自己的目的。

萬曆四十一年（西元一六一三年），春闈大試剛剛落下帷幕，參加會試的四方學子焦急地等待著考試結果，放榜後，名列榜首的是宜興才子周延儒。按著科舉規定，接下來便是殿試，這位周延儒又獨占鰲頭，由皇上欽定為頭名狀元。當周延儒披紅掛彩、身騎高頭大馬遊歷京城、春風得意之時，人們方能親眼看見這位狀元郎的風采，竟是位二十來歲的少年書生。

周延儒少年得志，機敏過人，他本人也是自視甚高，一心想在官場中混出個名堂來。他的仕途也算一帆風順，一直官運亨通。

周延儒曾被派往南京掌管翰林院，他為人機巧，善辨風色，在處理與東林黨和閹黨的關係時，他左右逢源，兩面不得罪，雖與東林黨人時有往來，卻從未受到閹黨的排擠，因而烏紗帽一直穩戴頭頂，就是後來的東林黨禍和閹黨逆案，他也都圓滑地逃過了。

熹宗在位只有七年，便短命而死。崇禎皇帝登極後，堅決查處黨私之徒，整頓朝綱，在懲治魏忠賢逆黨之時，唯恐網疏有漏，凡是與魏忠賢集團有過一兩次交往的人，一概連坐罷黜，一下子牽連進去百十餘人。由於閹黨一案懲罰的官員過多，造成朝官嚴重缺員，於是，崇禎將南京的一大批官員調回京都，各派其職。就在此時，周延儒也被召進京，升任禮部右侍郎。地位改變了，官職提高了，使他有機會能夠接觸皇上，因此他便利用這絕好的機會，察言觀色、伺機而動，積極創造條件，為實現其奪取朝中大權的野心做準備。

崇禎元年（西元一六二八年）的冬季，錦州邊防軍發生叛變。撫臣袁崇煥聞訊調查後得知，因軍官們層層克扣糧錢，士兵們忍無可忍才採取這種過激的行為，以引起朝廷的重視。袁崇煥在奏章中詳細匯報了事件的起因、性質和危害性，建議朝廷盡速補發糧餉，以解燃眉之需。

邊境軍心不穩，自然事關重大，崇禎皇帝緊急召集朝中大臣，在文華殿論證此事，商議辦法。大臣們一致贊同袁崇煥的建議，請求皇上速發內帑，以解救邊境之急。聽了大臣們的意見，崇禎臉色陰鬱，一言不發。崇禎帝雖然雄心勃勃，勵精圖治，致力於振

興朱明王朝，一心做個賢明君主，但是，他生於王朝的末世，便從小在勾心鬥角的皇宮內長大，目睹了一齣齣奪權爭寵的醜劇，心中留下了厚重的陰影，從而養成他敏感多疑、剛愎自用的性格，加之他初登帝位，年紀輕、閱歷淺，不善識人，所以處理朝政時往往失於明察，但他卻偏要自作聖明。此時此刻，崇禎對錦州邊防兵鬧事的成因仍然疑竇叢生。

周延儒最是老謀深算，他非常了解崇禎的脾氣，他見崇禎對大臣們的意見不表態，早已揣摸透了皇上的心思。於是，他不慌不忙地站出朝班，發表了與眾不同的意見，陰陽怪氣地說：「朝廷設立邊防，旨在防禦敵兵。不想，如今敵兵未犯，邊防先亂。寧遠嘩變，連忙發餉，錦州嘩變，又急忙給餉，倘若各處邊關都來效仿，該當如何是好呢？」崇禎一聽周延儒說出了自己所想，大為高興，便問他有何上策，周延儒只回答道：「此事有關邊防安危，糧餉不得不發。只是，須得謀求一經久之策。」細細思索周延儒的話中意思，也不過是贊同發餉以息兵怒，並沒有什麼特別的高見。不同的是，他提出了一個「經久之策」的說法，就顯得與眾不同。其實，那個沒有一點實際內容的說法，不過是他嘩眾取寵的藉口。就這樣，周延儒騙取了崇禎的好感，在皇上心裡留下了一個急公負責、站得高看得遠，能處置事情的好印象。崇禎當場褒獎了周延儒，而責怪了眾朝臣。

過了幾天，崇禎又把周延儒召到宮中單獨密談，商量給軍餉一事，現在他是非常信任這位深謀遠慮、見識出眾的周延儒了。周延儒再一次替皇上分析說：「軍餉首先是糧食，而山海關並不缺糧，那麼軍兵嘩變，是為缺銀，其中必有原因。恐怕是下級軍官從中作梗、煽動鬧事，以此要脅袁崇煥，迫使袁崇煥向朝廷要銀。」崇禎聽後，大為賞識，感到周延儒分析情況真是入木三分，因此周延儒又一次受到了皇上的青睞。

其實，此事與袁崇煥毫無關係，戍兵叛變，是由遼東巡撫畢自肅措置失當釀造的，三個月後，袁崇煥才到達山海關，著手處理了善後事務。他以撫為先，罷斥了幾個有責任的將領，斬處了十幾個破壞性最大的肇事者，畢自肅引罪自殺。由此看來，周延儒的分析完全是自作聰明，毫無根據的。

時隔不久會推閣臣，周延儒與溫體仁早已覬覦入閣，但由於資歷較淺，未被推薦，二人心中十分不滿，便相互勾結，結成政治聯盟，先由溫體仁發難在先，繼之以周延儒從中協助，舊案重翻，借題發揮，矛頭所指，集中攻擊錢謙益，使崇禎疑心此次會推摻有結黨營私之嫌，從而否定了全部會推名單，並罷黜了錢謙益。透過此次事件，周延儒又進一步取得了崇禎帝的好感，不到一年，周延儒被「破格」任命為禮部尚書兼東閣大

學士，准許參與機務，從此擠入了最高決策層。但是，野心勃勃的周延儒並不以此為滿足，為了達到獨攬大權，奪取首輔地位的目的，他又施展了一系列的陰謀詭計，竟然可以不顧國家、民族的利益，勾結溫體仁，利用皇太極的反間計殺害了大將袁崇煥，其真正目的在於除掉權勢居於自己之上的錢龍錫、成基命等人，以便奪取內閣首輔的榮耀權位。果然，袁崇煥一案了結後，周延儒的異己力量也被消滅，不久，他被加官晉爵，當上了太子太保，閣階由東閣改為文淵，最後到武英殿大學士，真可謂一路順風、青雲直上，崇禎朝廷的大權，盡在周延儒手中。

周延儒一朝大權在握，便迫不及待地安插親信，他所薦用的大同巡撫張廷拱、登萊巡撫孫元化等人都屬私親之流。他還讓自己的哥哥周素儒冒籍錦衣衛，並授以千戶之職，周延德還荒唐地委任家人周文鬱為副總兵，這簡直是一人得道，雞犬升天。

周延儒在政治上玩弄權術，在生活上腐化墮落，是個酒色之徒，穢行醜聞，幾乎人所共知。周延儒五毒俱全，臭名昭著，連同他的子孫們也近墨者黑，在家鄉橫行霸道，胡作非為，欺壓百姓，千夫所指。

人生悟語

防止被欺騙的最好辦法是多聽逆耳之言，多和其他人接觸，只有掌握了真實的情況，才能不被小人所利用和傷害。

唯利是圖，能榨則榨

小人把「金錢」作為第一的追求。和珅對錢有著無比的貪欲，只要賺錢就可以，至於什麼國法，會不會損人利己這類事他卻不會考慮。他的目的只有一個，也最單純——錢。

和珅所有生意中最熱門、受益最大的恐怕就是他的當鋪。和珅的當鋪遍布京城，保定地區也有，通州、薊州也有，總共不會少於二三十家。

和珅之所以看中當鋪，原因是當鋪是各種生意中最易收效、萬無一失的買賣，不怕典當人有去無回，也不用人勞神去追索逼債，只要是當東西，贖也賺錢，不贖也賺錢。

除此以外，和珅對當鋪如此青睞還有另外一個原因，那就是他可以利用當鋪來消化

他貪汙而得來的贓款。和珅很明白，如果僅憑著所得的俸祿是無論如何也積攢不起來那麼大的一筆財富的。「樹大招風」，太惹眼了，總是不太好，和珅是不願意生是非的人，他開了鋪子做了生意，自然而然也就沒有人說什麼了，即便有人說他，也可名正言順地應答，因為他做的是生意。

和珅除了經營銀號、當鋪外，還開設了各式各樣的商業店鋪，還有少數製造作坊。而這些多與人民的生活有關，有的甚至還和軍事有關。反正什麼賺錢，他就經營什麼，誰也不敢與他較量。

採礦業是一個風險比較大、投資大、見效慢、費人費力又不好管理的產業，一般的官僚和商人都不太輕易投資在這方面，但和珅看到北京西部地區煤礦豐富，而百姓取暖做飯又都需要煤，如果開發這一地區，可以賺大錢。

因此，他就在門頭溝和香山等地區開設了煤窯。

和珅憑著自己的權利和地位排斥同行，壟斷市場，使許多商人都聽從他的擺布，任他指揮。

乾隆五十三年（西元一七八七年），北京的米價急劇上漲，十分昂貴，而各糧店見糧食瘋漲都將糧食囤積下來，而不願賣出。此時和珅家所存糧食極少，於是他請求皇上下達命令平抑物價，每個糧店所囤積的糧食不得超過五十石，皇上准奏，但各糧店卻都不出售。於是和珅調來了士兵，打開各糧店，強行售糧，並將囤積糧食六萬餘石的鋪戶查封。和珅又請皇上將這些糧食減價賣出，皇上又准奏。於是和珅在低價賣出的同時，又設立了粥廠賑濟百姓，一時間百姓拍手稱讚，都感謝和珅。

表面上，和珅似乎是為百姓做了一件好事，但實際上他卻利用了大清政府和皇上，達到了他不可告人的目的，控制了北京的糧食業。

和珅雖身居軍機首輔，掌握著全國軍、政、財、文化的大權，但他卻不像傳統的官吏，輕商重農。他看中經商是來錢最快的途徑，於是他親自或出資或支使家人投入商業營運之中，公開從事商業活動，以牟取高額利潤。自古為官者經商多是為自家經商，也多是奸商，和珅也就位居於這奸商之列。不同的是，和珅比一般的奸商還要狠毒一些，滿肚子的牙齒，吃人總是要把人連毛都要吃下去，並連帶毛髮、指甲一併消化掉，屬於那種「吃人不吐骨頭」的人。

和珅之所以能累積起富可敵國的家產，除了貪汙受賄之外，與他善於理財也有相當大的關係。和珅是個理財高手，他知道怎樣讓權生錢，讓錢再生錢。讓錢生錢的最佳途徑就是經商，因此，在當時重農輕商的環境下，和珅都不管不顧，只要有利可圖，他什

麼生意都會去染指。為了斂財，和珅雖身居高官，竟不顧名譽與商人為伍，這一點連嘉慶帝都罵他是無恥小人。

人生悟語

一個人赤裸裸地來到這個世界上，還要赤裸裸地離開這個世界，你費盡心機弄來的財富，你自己所能享受的只有一屋、一床、一衣、一飯而已。

以利為首，重利輕義

判別朋友的標準是以義為首，還是以利為首，如果弄清楚這一點就不會產生錯誤了。

見利忘義的人為了他的利益常常不惜犧牲朋友的利益，更有甚者還毀了朋友一生的前途，甚至是生命。對於這類人，我們應及早和他斷絕來往，越早越好，以免後患。

三國時孫策奪取丹陽後，呂範要求暫領丹陽督都的職務。孫策說：「你現在已經擁有很多兵馬，怎麼再委屈你做這小官呢？」

呂範說：「我捨去本土託身於將軍，就是為了與你一起共創大業，我們像是同舟涉海，存亡相關，稍有不慎就要遭到失敗。這就是我的憂慮，不單單是您啊！現在丹陽這樣重要，關係全域，還計較官職大小嗎？」

孫策非常感動，認為他是可以共生死的朋友，就把丹陽交給了呂範。

春秋時，輔佐齊桓公稱霸中原的能臣管仲，與鮑叔牙是朋友。他之所以能被齊桓公破格任用，完全是由於鮑叔牙的推薦，所以管仲常對人說：「生我者父母，知我者鮑叔牙也。」可見他對鮑叔牙是十分感謝的，當然，也更深深地理解他。

但是在他臨死時，齊桓公問他：「你死之後，讓鮑叔牙來接替你的職務，你看怎麼樣？」管仲聽說，想了一會兒終於說：「鮑叔牙是我的恩人和好朋友，又是一位至誠君子，但是，我認為他不適合執掌國政。」

齊桓公問他為什麼？管仲回答說：「鮑叔牙什麼都好，就是對善惡看得過於分明，別人有一點過錯他都不能容忍，為人處事，對別人的優點不忘於懷是可以的，但對別人的任何錯誤和缺點都不能容忍，誰又受得了呢？鮑叔牙看見別人有一點不是，便一輩子不能忘記，這是他的短處啊！」齊桓公同意管仲的話，最後選用了隰朋。

不想這話被齊桓公的幸臣易牙聽到了，由於管仲曾經勸告齊桓公不要親近易牙這樣的人，所以一直懷恨在心，現在有了這個機會，就偷偷地鼓動鮑叔牙說：「管仲之所以能當宰相，還不是全靠您的推薦。現在他病危，大王問他誰可為相，他卻說您不適宜，另外推薦了隰朋。您瞧，這多不夠朋友！」鮑叔牙聽了這話，冷冷一笑，對易牙說：「對呀，這正是為什麼我要推薦管仲的理由啊！管仲忠於國家，不講私情，不吹拍朋友，你們如何能夠理解？假如大王讓我當司寇，專管驅逐佞人，那是很合適的；假如讓我主管國家，你們可就沒有容身之地了！」說得易牙無地自容，趕快逃走了。

管仲和鮑叔牙都是好朋友，論感情非常深厚，論理性對事物觀察也十分準確，但他們卻能將兩者分得很清，並不影響他們對人的理性觀察和感情的交流，相比之下，更多的人卻常常在理性和感情中劃不清界限，成為感情的犧牲品。這是我們交友中所應注意的。

人生悟語

這種重利輕友的人，有時為了長遠的獲得利益，常常會給身邊人一些小恩小惠，讓你感覺到他對你的好。這時你切莫和他同流合汙，不要見利就眼紅，巴結這類人，多行不義必自斃，一定要立場鮮明，潔身自好，遠離是非。

貪心如深壑，永無滿足之時

貪婪是一種飢渴的心態，它的本質是不安，在心理上貪婪的人，永遠不知道滿足是什麼。他不停地向外追求和占有，把生活當作追逐的手段，貪婪者最明顯的行為特質是囤積，他們不停地盤算追求更多的東西好據為己有，所以他們潛意識裡有著嚴重的匱乏感。

秦檜權傾朝野，為人心狠手毒，凡不附己者，動輒陷害，而朝中文武百官，人人自危，為求自保，都不得不巴結逢迎之。又有一班宵小之徒，或臭味相投，或為求升遷，更是不遺餘力地攀附逢迎，故而朝野各級官員競相向秦檜送禮進貢，唯恐落於人後，而且賄賂手法花樣百出，所貢賄品大至住宅，小至蠟燭，珍如珠璣，奇如異寶，五花八門，應有盡有，眾人都欲在這場「送賄」戰中出人頭地，以博取秦檜好感，於是秦檜「開門受賂，富敵於國」。如廣東經略（即邊防軍事長官）方務德為討秦檜歡心，別出心

裁地令人製造了一種特殊的香燭進獻給秦檜。這種香燭，外表用燭油製成，面內裡卻用多方搜羅來的奇異的珍稀香料填塞。秦檜宴客之時，點燃這種蠟燭，頓時異香滿廳，沁人心脾，秦檜非常高興，方務德也因此而得到器重。

秦檜任相後，便傳出風聲，要在杭州營建宅第，「兵馬」未動，「糧草」先行，房屋未動工，大批賀禮便紛至遝來。百官爭相邀寵之際，獨有兩浙轉送司技高一籌，獨占鰲頭，該司以秦檜之事為己任，專門成立了一個名為「箔場」的機構，無償地全面負責秦檜私宅營建事宜，該機構按分工不同，設置各類官吏，舉凡籌款、財務、構圖、施工、供應、設備等各項，皆有相應組織及官員負責。該機構一經成立，便終年忙碌不已，秦檜任相十九年，「箔場」便營造了十九年，一直無法撤銷。十九年中，從西湖邊到玉皇山，亭臺樓閣，廳堂殿宇，曲霍回庫，苑圃園林，星羅棋布，點綴著湖光山色，市廛村野。一時杭州風光因之而增色。秦檜自己也弄不清他的宅第到底有多少，以致有一些別墅，他連去都沒去過。就在這些豪華可比宮中的宅第園林中，秦檜一家過著極其奢侈的生活。

這種以連續十九年的營造作為賄賂的方式，亙古未有，秦檜創造了貪官史上受賄的一個奇蹟，可見其貪心如深壑，永無滿足之時。

秦檜在任相期間，還依仗權勢敲詐勒索，貪汙舞弊，賄賂公行，橫行霸道。紹興十年（西元一一四〇年），他以宋金戰爭「預備犒賞」為名，要老百姓「計畝率錢，遍天下五等，貧民無得免者」。但錢銀聚斂以後，「兵未嘗舉」，他就喪心病狂地把這些銀錢都吞為己有，大發國難之財。

紹興十二年（西元一一四二年），南宋大將劉光世病死，他在建康的邸園，被秦檜強行霸占。陷害岳飛依附秦檜的張俊死後，其房地產日進二百貫錢，全部被秦檜奪去。

他還恣意兼併農民的土地，在金陵「田業甚富」。為了榨取農民的血汗，他還派官吏去管理。這些人依仗秦檜的權勢，欺壓百姓，以刮削民脂民膏為能事，供秦檜一家過著窮奢極欲的糜爛生活。

當時國家財用不足，而「秦氏之家，金珠充屋」，「教坊所汰之人，塤皆養之於家」以「奉歌酒之歡」。秦檜的收入一年有幾十萬，其財產比朝廷的左藏庫還要多過數倍。

由於小人有不同於常人的自私性，因而，小人的欲望很高，胃口很大。若有可能的話，他恨不得一口把天吞了，一口把地啃了。當他該得到的完全得到了的時候，他還會想著別人那應該還有可以得到的——哪怕別人比他得到的還少。

佛家有云「貪、嗔、痴」乃三毒。人之大忌就是貪得無厭，歷史上那些野心勃勃的

君主，那些嗜財如命的貪官，有幾個有好下場？作為凡人的我們，對於物質的東西都有一定的貪欲，誰都想賺到更多的錢，得到更多的東西。可是事情都應該有一個限度，對物質的欲望若是控制在一個限度內，就可以化為打拚的動力，驅使我們前進。但若是放任貪的欲望，就極有可能玩火自焚，終究被「貪」拉入欲望的深淵。

人生悟語

小人貪圖榮華富貴，挖空心思賄賂、貪汙、剝削，種種手段統統使遍，哪管他人衣不蔽體，怨聲載道。

見利忘義，翻臉不認人

見利忘義是典型的小人嘴臉。這種人沒有原則，沒有立場，不講信用，不懂感情，奉行「有奶便是娘」的實用主義原則，與人交際是為我所用，誰對自己有利就依附誰、巴結誰、緊跟誰。需要時，可摧眉折腰尋找後臺；遇事時，便溜鬚拍馬拜門檻。在權勢面前唯唯諾諾，吹吹拍拍，一旦達到了目的或一朝得勢再用不著他人時，立即撕下虛偽的面具，又不斷地去巴結新主，尋求新的靠山。這便是「小人愛財，不惜棄道」。這種人只能共得富貴，共不了艱難。遇到麻煩，為了一己之私利，可以背叛親朋、背叛同伴、背叛團體。

俗話說：「羊有跪乳之恩，鴉有反哺之義。」獸猶如此，何況人乎？但問題的關鍵在於：小人「做人」重於做事，「謀人」多於謀事，把大部分精力放在劃圈子、傍大款、攀上高枝。他們交友是以利益為原則，如果得不到實惠，甚至會忘恩負義，恩將仇報。他們奉行的是「有奶便是娘」的信條，你今天幫了他的大忙成了他的恩人，如有人賄之以大利拉他來攻擊你，他那副嘴臉馬上變樣想方設法打擊你。

小人遇到恩人的幫助和提攜，他日日思夜夜想的不是感恩，不是把事情做好，而是如何才能儘早地超越恩人的地位。恩人的肩膀能靠一靠的，他會踩著上；如果不可，恩人成了他往上爬的絆腳石，那就對不起了，一腳踹開，毫不憐惜和猶豫。

魏忠賢進入了最有權勢的部門，竊居了最核心的位置，貪欲和野心也隨著膨脹起來。客魏勾結，首先為其掌握更大的權力而掃除障礙。他們採取的震撼朝野的第一動作是謀殺魏朝和王安，保證在太監的二十四衙中樹立其不可動搖的地位。

其實魏朝和王安都曾經是魏忠賢昔日的好友和恩人，是魏朝將魏忠賢這一鄉間農夫

引薦入宮，後來，又是他不時地向主持宮事的王安好言薦舉，魏忠賢才日益得以重用。故此，二魏曾結為兄弟。在魏朝發現他與客氏勾搭後，兩人發生了矛盾，兄弟變成了仇敵。熹宗即位後，魏朝被賜名為王國臣，位掌兵仗局，一時成了實力派人物。這樣魏朝在生活和事業上都成了魏忠賢的有力競爭對手。魏忠賢決心除掉這個心腹之患。

一次，二魏在一起飲酒，為爭客氏鬥罵起來，深夜驚動了熹宗。客氏自然支持魏忠賢，結果魏朝被勒令告病出宮。魏忠賢將其趕出了皇宮仍不放心，矯旨將其發往鳳陽，並在路上派人將其生生絞死。魏忠賢除掉魏朝之後，矛頭又指向位在自己之上的王安。

王安是明一代比較正直的太監，並且在朱由校登基皇位的鬥爭中，他立有不可代替的功勞。所以熹宗對他還是信任有加。在熹宗即位後就有意讓他按任掌印太監，王安心裡自然十分高興，但依照慣例要上表辭謝。而魏忠賢與客氏密謀乘機向嘉宗進言，准了王安的辭謝，立即把這一要職給了一貫依照客魏意願行事的王體乾。

魏忠賢輕而易舉地扳倒了王安，念他日前對其不薄，本想放他一馬，可陰毒的客氏進言，不能留此後患！於是魏忠賢就指使私黨參奏王安，熹宗也不問青紅皂白就稀里糊塗地把為大明朝忠心耿耿賣命一生的王安降職到南海子淨軍，王安一腔冤屈無處訴說，當他匆匆趕到南海子後，按照魏忠賢的部署，王安竟然被斷絕飲食，三天後沒餓死，就被一刀斬殺了。

正直的王安被除，王安手下的太監也被魏忠賢即刻驅逐殆盡，同時任用以王體乾、李永貞等宦官為羽翼，暗中拉攏大學士沈㴶為幫手，迅速在宮中形成新的權力集團。他還勸說熹宗在宮中選拔一批身強力壯的宦官組成軍隊，以備後用。魏忠賢自己同時掌握東廠大權，這樣宮中的實權盡收手中，為他實現更大的野心和貪欲創造了條件。

魏忠賢勾結客氏，一朝得勢，翻臉無情，對妨礙自己的同夥狠下毒手，一一掃除，這不但暴露出他篡權的野心，也表明了這個陰謀家品質的卑劣，真所謂「子系中山狼，得志便猖狂」。

現實生活中，有些占有欲很強的人，他們的價值取向是非常現實的，任何時候，他們都會更注重現實的、經濟的利益。只要有機會撈好處就會不顧一切地去做，有時候甚至會為了得到自己想要的東西，而惡意地背叛朋友。這樣的人實在可怕。假若你身邊有這樣的人，你也只能在知道他要怎麼樣的時候應對他，不知道他要怎麼樣的時候提防他。

人生悟語

如果一個人身受大恩而後來又和恩人反目的話，他要顧全自己的體面，一定比不相干的陌路人更加惡毒，他要證實對方罪過才能解釋自己的無情無義。

鐵公雞，一毛不拔

有的人在與朋友相處時患得患失，唯恐吃虧，對朋友的饋贈能夠慨然而受，輪到自己時卻變成了鐵公雞，一毛不拔了。朋友們都感到他視金如命。這種人在處事時容易「變臉」。當他發現某人對己有利時，會曲意逢迎、刻意討好；當把益抓到手之後，立即如同陌路人，而一旦得不到這些利益，他隨時都能翻臉無情，威脅、恫嚇，使盡千般手段，逼迫你把某種利益拱手於他。

有個商人來找他的鄰居說：「村外有個小農場要出售，賣主是你的朋友，如果你買，我相信他一定會出最低價的。你拿我的這些錢去把它買下來，我保證，如果成功的話，我一定會給你一筆報酬的。」

鄰人拿著錢去看他的朋友，由於他的緣故，朋友心甘情願地只賣底價的一半。真正的買主聽到了這個消息大喜過望。再三地感謝鄰人，並拿走了剩下的錢，一字不提報酬的事就要告辭了。

鄰人早就料到這個巧言令色的傢伙會來這麼一手的。於是，他笑咪咪地對那商人說：「別忙著走，如果你感興趣的話，我可以告訴你一件事……」那個奸商以為還有什麼好處呢，急忙回身洗耳恭聽。鄰人說：「那合約可是用我的名字簽的！」

商人目瞪口呆。

一個「利」字當頭的人，他的心目中沒有「義」字可言；他的人際關係裡，沒有情感，只有利益。自私的人幾乎沒有感情，他的感情只是為了利用別人給自己更多的利益。

一顧客在一家酒店喝酒。當他喝完第二杯酒後，轉身問老闆：「你們這裡一星期能賣掉幾桶啤酒？」

「三十五桶。」老闆得意地說。

「那麼，我倒想出了一個能使你每星期賣掉七十桶的桶辦法。」顧客說。

老闆既高興又驚訝地問：「什麼辦法？」

「這很簡單，」顧客自顧自地說，「你只要每次將每個杯子都裝滿啤酒就行了。」

人生悟語

在合適的地點和時間裡，讓他知道別人已經看穿了他的心思，從而讓他放棄貪圖利益的念頭，但同時要顧全到他的面子，婉轉含蓄地點破他。讓他明白，世間很多事都是雙響的，沒有單方面的取得，也少有單方面付出的。

第九章　兩面倒：兩面三刀背後使壞

有的人慣於表面一套，背後一套，表面裝好人，背後暗使壞。當面笑臉相迎，私下惡意中傷。對這樣的人應該小心防範，更別說跟他交朋友了，正所謂兩面三刀不能交。

上房撤梯，謹防過分謙虛

現實生活和工作中，有些人在他實力弱於別人時，常常表現得很謙虛，很多問題不恥下問，經常來徵求你的意見，看起來和你好像是無所不談的朋友。可等他實力強大時，你就成為了他的垃圾。其實，他就是用他的謙虛來換取你的幫助，讓你對他懷有好感，不顧一切地來幫助他，殊不知，他就是利用你的善良和愛心不斷的往上爬呢。

在這方面，秦檜就是一個很好的例子。

秦檜在北宋滅亡之時，被金人俘虜到了北方，由於他賣身投敵，得到金人的賞識，被派回南宋充當內奸。

他剛回到南宋朝廷，許多大臣對他很是懷疑，那麼多被俘北上的大臣，不是身死，便是被囚，為什麼他秦檜能攜帶妻兒家小，安全返回？因此都對他敬而遠之。為了能夠得到皇帝的召見，秦檜便尋找門路，攜帶奇珍異寶，登門求助於宰相范宗尹，並投其所好，對他曲意逢迎。

這個范宗尹只有三十三歲，比秦檜年紀小了整整十歲，也不是個什麼正人君子，當年北宋滅亡時，他立即叛變了趙宋王朝，按照入侵者金人的指示，推薦一個叫張邦昌的人為皇帝，只是因為張邦昌很快垮臺，他又投靠了趙構（即宋高宗），並得到寵信。現在他手握軍政大權，炙手可熱。他與秦檜本來就臭味相投，見秦檜又會來事，自然樂於引薦。可以說，范宗尹是秦檜步入南宋政壇的第一個引路人。

由於秦檜的花言巧語，撒謊欺騙，阿諛奉承，很快便贏得了宋高宗趙構的好感，不到一年，便升至副宰相。但秦檜並不滿足，他在覬覦宰相的寶座。如果不把范宗尹扳倒，他是上不去的。他留心尋找著機會。

范宗尹卻渾然不覺，還將秦檜視為知己。有一次，他對秦檜說：「皇上將要發布大赦令，同時要將朝廷中的文武百官都晉升一級。現在朝中官員的底細你是知道的，有好多人都是當年奸臣蔡京等六賊當政時，靠了拍馬賄賂被濫賞為官的，這些人怎麼能繼續留在朝廷呢？我想上書皇上，請求將這些人全都清除出去，你以為如何？」

朝廷的確有一批官員是當年依附蔡京等奸臣而撈上個一官半職的，要是能將他們罷黜，自然可以贏得民心，但秦檜知道，范宗尹的醉翁之意不在於此，他本人已經官至宰相，無可再升，他怕的是別人都加官晉級，會逐漸威脅到自己。不過，秦檜估計他這個主意未必行得通，一是他看出來，皇帝對這個年輕的宰相已經有點厭倦了，二是他這麼一提，傷人很多，必然會遭到強烈的反對，使他陷於孤立。秦檜轉念之間，已打定主

意，這可是扳倒范宗尹的好機會。於是他表態說：「宰相之言極為有理，這批人本來就是禍國亂民之徒，國家敗就敗在他們手裡。如今朝廷正革故鼎新之際，怎麼能讓他們繼續作威作福！宰相上奏，我一定鼎立聲援！」

有了秦檜的支持，范宗尹信心十足，俗話說「兩人同心，其利斷金」，宰相、副宰相的主張既然一致，連皇帝也不好反駁。

第二天早朝時，他便將這個主張提了出來。果然不出秦檜所料，遭到了許多權勢大臣的反對，宋高宗也說：「前朝的事情，不好一一加以否定，好多決策，都是由父皇（宋徽宗趙佶）所做的，我也不能去譴責父皇，結怨大臣，這件事我看就算了吧！」

范宗尹一直眼巴巴地等著秦檜表態支持，可秦檜始終雙目低垂，不動聲色，等到皇帝說完之後，他摸準了動向，這才不急不忙地說：「范宰相的辦法的確不可行，貶一些來路不正的人的官職，比起無辜的人，他們照樣還是占了便宜；而一些原本清白正直的人，無辜受到牽連，心中有怨氣，不願再為朝廷出力，結果是好人吃虧，朝廷受損。」

這一番話說得面面俱到，冠冕堂皇，既得到了皇帝的讚許，又博得大臣的擁護，只有范宗尹瞠目結舌。他沒能達到目的，被皇帝反駁，失去寵信，又因之被大臣所反對，只好請求辭職，秦檜就這樣過河拆橋，不動聲色地擠掉了范宗尹，而由自己取代了宰相之位。

人生悟語

無論對何人，都要有所保留，這是保全自己的關鍵。老虎在教貓這個徒弟時還留一手呢，以至日後不被貓所害，何況我們人類。要學會隱藏自己的好惡，加大別人對自己的依賴性，提高自身的能力，在新的變化下可以應付自如。

明火暗刀一定要防

兩面三刀的人往往當面一套，背後一套。俗話說：「人心隔肚皮。」有些人居心叵測，笑裡藏刀。正事沒能耐，害人倒很精明，腦子裡裝的都是個人的打算，把全部心思用在暗算別人的身上，總想陷害別人，自己往上爬。對這樣的人應慎而又慎，更談不上結交為朋友了。

至於某人是不是雙面人，如果沒有先見之明，在短時間內是很難分辨的。這樣的人

往往在你面前說得優美動聽，誇你使人飄飄然。當面說的都是一些忠貞不二的話，表現出的是忠誠老實相，但背後說不定有更險惡的用心。

說得輕一點，具有雙面人性質的人善於搬弄是非。在你面前說他的壞話，在他面前說你的壞話，不鬧出矛盾，絕不甘休。

雙面人最慣用的手段是偽裝，這種偽裝就是能把活人說成死人，能把死人說成活人的語言。縱觀中國歷史，有許多盛極一時的大奸臣卻得到皇上的寵信，究其原因除了皇上昏庸無能外，很重要的一點是這些大奸臣會諂媚，會巴結皇上，能把忠良之臣置於死地。而真正可靠的還是那些勇於諫言的忠臣，唐朝魏徵經常向皇上諫言，可能這些諫言不太好聽，但絕對有好處，忠言逆耳。

當你知道了站在自己面前的這個人是一個兩面三刀的人時，一定要提醒自己：不要相信他所說的誰人在說你的壞話，同樣也不要相信見面就誇獎你的人，不給他們可乘之機，讓他們的那點手段在你這裡實施不了。

《紅樓夢》裡的王熙鳳，被人稱為「明裡一盆火，暗裡一把刀」，表面上對尤二姐客套親切，背地裡卻置之於死地。與這樣的人交往時，應多注意他周圍的人對他的反應，與這樣的人在短期交往中很難發現這種性格特徵，但接觸時間長了便會清楚明白了。

這種雙面人是千萬不能結交為朋友的，不然他會令你大吃苦頭。

我國古代的名相王安石就曾為我們做出過表率。王安石在變法期間屢受非議，有一個叫李師中的小人乘機寫了篇長長的〈巷議〉，說街頭巷尾都在說新法好，宰相好，為王安石變法提供雪中送炭般的輿論支持。但王安石一眼就看出了〈巷議〉中的偽詐成分，於是開始提防這個姓李的小人。

生活中往往有兩面三刀者，就是捕風捉影，甚至是無中生有，使人落入陷阱，達到自己的企圖。他們會為你帶來不盡的麻煩和災難，在交友時需要時刻提防這類人。

人生悟語

不要上兩面三刀的人的當，同時也不去畏懼他們，在與他們的鬥爭中，自己也在不斷地成長。

牆頭草，兩面倒

「牆頭草」是善於鑽營和投機的，他們在政治上的投機，是永遠圍著當權者轉的。

第九章　兩面倒：兩面三刀背後使壞

秦檜進入仕途的時候，北宋王朝的統治已經走向盡頭。靖康元年（西元一一二六年）一月，金軍渡過黃河，包圍了汴京（今開封）。本來就無意抗戰的欽宗，眼見敵軍已兵臨城下，便積極投降，幾次派人到金營求和。金軍提出了苛刻的議和條件，要宋朝獻出黃金五百萬兩，白銀五千萬兩，牛馬各萬匹（頭），綢緞百萬匹，並割讓河北三鎮，還要以親王、宰相等為人質。面對這麼屈辱的議和條件，宋欽宗及李邦彥、張邦昌等昏君奸臣卻表示全部接受。但主戰派代表李綱等人堅決反對，主張組織城內軍民堅守汴京，等待各地勤王軍隊的到來。李綱的主張得到了朝中大部分大臣的擁護，由此一時主戰派占了上風。

當時身為禮部侍郎的秦檜，看到主戰派一時聲勢浩大，便也隨聲附和，但又不敢觸怒欽宗。於是，他單獨向欽宗上了一道談兵機四事的奏章：一是說金人貪得無厭，要割地只能割燕山一路；二是說金人陰險狡詐，要加強防守不可鬆懈；三是召集百官詳細討論，選擇正確意見寫進和議之中；四是如金使前來不能引進宮殿。

秦檜的建議，一方面迎合了欽宗割地議和的心意，另一方面以主張防守又設法附主戰派的呼聲，可謂用心良苦。當時欽宗正被主戰派的抵抗運動弄得寢食不安，看到還有像秦檜這樣體諒自己苦衷的「忠」臣，當然喜出望外。不久，擢升秦檜為殿中侍御史。

由於李綱為首的主戰派的抵抗及全國各地的援軍紛紛趕來，金軍看到無機可乘就慌忙北撤了。

金兵撤退後，各路援軍被宋欽宗遣散。逃跑的宋徽宗又回到朝廷，李綱等主戰派將領遭到排擠。宋欽宗為首的投降派，以為敵人已去，不會再來，又可以安享太平，縱情歡樂了。可是，時過八月，金軍再次大舉南下，直抵汴京。宋欽宗慌忙召集百官商量對策。最初秦檜以為這次情形還與上次一樣，因此，把自己打扮成主戰派反對議和。但不久，他發現主戰派勢單力薄，特別是宋欽宗議和的態度非常堅決，因此嚇得一聲都不敢吭了。

宋欽宗決意議和，將主戰派全部排擠出朝，而秦檜因及時轉向，不但未遭貶逐，還被提升為御史中丞，權勢更大了。

小人擅長察言觀色，投其所好，他為自保，會曲意奉承掌權者。在摸清掌權者的脾氣、秉性、喜怒、好惡的基礎之上，不斷地改變著自己的言行、對策、審時度勢，見風使舵。通常，小人在處理事情採取行動時，從來都是先觀察風向，權衡利弊，斟酌得失，然後再決定是否可以付諸施行。在行動中他也是小心謹慎，穩紮穩打，步步為營，力求周全穩妥而無閃失。如果事情的發展將對自己不利，他會像一個久經風雨的舵手一

樣馬上轉舵，甚至不惜反戈一擊，全然不顧及個人的人格和輿論的評說。他處世的目的是十分明確的：一切必須以自身的利益為主，趨利避害，為我所用。

這類小人，反應在職場上，就是沒有真正的是非立場，不從工作的角度出發考慮問題，而是如牆頭草，哪邊風硬哪邊倒，開始時表示支持你，是為了獲取利益，一看形勢不好就反戈一擊。遇到這種人，不必驚訝，你應該慶幸在計畫實施之前就認清了他，沒有讓你遭受更嚴重的挫折。在今後的工作中，加以防備，留意他的一舉一動，不在他的身上寄託希望就是了。

人生悟語

牆頭草兩邊倒，它沒堅骨只能隨風搖；為人骨氣最重要，追求真理才能走正道；唯權唯勢跟風跑，最終下場定糟糕；勸君莫做牆頭草，東倒西歪左右難，人格會失掉。

虛偽做作，諂諛奪權一起來

「兩面倒」不論在別人面前呈現出什麼樣的形象，都是他依據時勢和別人的好惡作弄出來的。其實本質都是為了實現其不可告人的目的而遮掩面目的，具有不折不扣的虛偽性。這種人自己沒本事、做人沒志氣，但會曲意逢迎，見風轉舵，獻媚取寵。為了實現個人目的，如蒼蠅附糞，自我作踐，甘當奴才。一旦攀附高枝，仗勢欺人，為虎作倀。有的是拉虎皮扯大旗，狐假虎威謀取私利。

王莽就是最具代表性的一位。

日子久了，王莽對上頭還有一位太皇太后指手畫腳覺得非常不耐煩，可又不能輕易動搖姑母的地位。因此，他更進一步不厭其煩地用歌功頌德的辦法來討元后的歡心。

每逢四時八節，他便安排車駕請老太后巡遊郊野。元后數十年間於深宮居住，見厭了青磚灰瓦、高牆重樓，一旦見到市井人煙、青山綠水，歡喜非常。又有王莽預先安排好的眾多百姓的歌功頌德，滿耳全是喜慶讚美之聲，元后更是高興。王莽又預備大量錢財布帛，任元后隨意賞賜百姓，自然一陣又一陣召來前後左右的感恩戴德之聲。太后身邊的人也得到王莽大量賄賂，無不在元后面前誇讚王莽，元后對王莽更加信任。

王莽見時機已到，便以保護元后的健康為名，一步步地悄悄承襲元后的權力。他首先指示其爪牙，上書元后，說：「太后至尊之體，春秋又高，不宜過度操勞，一些小事就不必親自過問了。」

元后自己也感到體力漸弱，王莽又是自己的親侄子，想來也不會有什麼差錯，就採納了這一建議，於是下了一道詔書，把封爵之外的一切國家大事統統交王莽處理，說：「自今以後，除了冊封侯爵外，其餘事情均由王莽處理。地方官員可以直接向王莽匯報工作，考核及任免官員，一律由王莽管理。」

經此一道詔旨，王莽就把漢朝廷的一切軍國大事的處置權，其中包括選官用人的大權一一拿到自己手裡。王莽充分利用這一權力，進一步在朝廷和地方廣泛地網羅爪牙，結黨營私，而對那些不稱意不服帖的官吏，則羅致罪名，悉加罷免。至此，一個以王莽為核心，輔以王氏宗族和依附的文臣武吏組成的當權集團，就牢牢地控制了漢皇朝的一切權力，並成牢固不搖之勢，自此，人只知有王莽，不知有漢平帝。

後來，王莽又讓元后再下一個詔書，說明現在皇帝幼弱，未能親政，作為太皇太后只能出權宜之計，掌握國之大綱法紀，勤身極思，躬率百官萬民，使國家臻于太平。這裡，姑母與侄兒，一唱一和，元后的詔書，王莽的奏文，都不過是虛偽又做作。

但是，王莽透過導演這幕醜劇，卻取得了一箭雙鵰的碩果：元后「節儉愛民」的美名傾動朝野，討元后歡心的目的達到了；王莽「忠孝」的美名再次傾動朝野，他沽名釣譽的目的也達到了。

王莽在演完了這幕鬧劇之後，意猶未足，決定自己再來一場獨角喜劇，內容是「每遇水旱，莽輒素食」。王莽的黨徒立即將此事上奏元后，元后也自然下詔對王莽大加表彰和規勸：「聞公菜食，憂民深矣。今秋幸孰，公勤於職，以時食肉，愛身為國。」

王莽的這個行動似乎顯示出他「勤政愛民」與百姓同甘共苦的赤誠，實際上仍然是一種虛偽的做作。這只要看他做皇帝後是如何荒淫無度，死到臨頭還守著六十萬斤黃金不放，也就足以說明他的「節儉」是怎麼一回事了。

小人靠名人權貴得以榮耀門楣，也盤算著如何更加榮華富貴。對他們來說，錢、權是他們來這世上唯一的追求。為了這些，他們可以戴上一切可偽裝的面紗，撕破一切可撕破的道德法律，扯斷一切可扯斷的人類最基本的良知。

王莽不斷地透過種種手段鞏固和擴大自己的權力，他的所有思想和行動都離不開這一中心目的。在篡政的道路上，王莽每前進一步，都從他做太后的姑母那裡敲出漢朝廷的一些最重要的權力，但無論哪一次，他都能把這些竊奪權力的行徑說得冠冕堂皇，光

明正大，既合古訓又符今情，既承天之意又順民之心，其動作，其聲音，儼然是一個鞠躬盡瘁的漢室大忠臣。但是，所有這一切的故作姿態，都不過是為了掩飾他在背後悄悄進行的篡漢陰謀。

人生悟語

這種小人的一個通病是：在你得勢時，他會為你錦上添花；當你失勢時，他會落井下石。他不知道什麼是真誠，只知道權勢，所以，我們要遠離這種小人，越遠越好。

當面一套，背後一套

有些人常常口是心非，明明知道你可能要失敗，可他還是鼓勵你去做，一心想看你的笑話。他會大加讚賞鼓勵你，成功則好，一旦失敗，他的心裡比誰都高興。當你察覺到他的動機時為時已晚了。所以，我們一定要認清這類小人的嘴臉，不要讓他的陰謀得逞。

春秋時期，鄭武公是一個足智多謀、窮兵黷武的諸侯，他要擴張地盤，便動其鄰邦胡國（即後來的匈奴）的念頭。但當時胡國是一個強大的國家，國君又勇猛善戰，經常騷擾邊疆，用武力固然不容易，想政治滲透也根本不可能，因為對胡國的內情實在是一無所知，在這樣無所施其技的時候，唯有採取逐步的滲透戰略，於是他派遣一個親信到胡國去，打入其最高組織，以實現自己的計畫。

鄭武公派的使者到了胡國，說鄭武公仰慕胡國神勇兵力，想要攀個親戚，把自己的女兒嫁給胡國國君。國君一聽自然萬分歡喜，立即答應了。鄭武公就把女兒嫁到胡國，做了胡國國君的岳父。胡國國君見到鄭武公的女兒，果然被迷惑得昏頭昏腦，整天花天酒地，連朝也懶得上了，對國家大事置之不理。消息傳來，鄭武公心裡暗自高興。

過了一段時間，鄭武公突然召開了一個會議，出席的全是位高權重的文武官員，商議著要怎樣開拓疆土，擴大地盤。大夫關其思說：「以目前形勢看，要擴張勢力，相當困難，各諸侯國都是守望相助。有攻守同盟的，一旦有事，必會增強他們的團結，一致與我們為敵。唯有一條路可以試一下，那就是向『不與同中國』的胡國進攻，既可以得實利，名義上又可替朝廷征討外族，鞏固周邦。」這個提議可以說是與鄭武公不謀而合，也說到了他的心坎上，他本應該大力讚賞，可此時，鄭武公一聽，卻立即把臉一

沉，問他：「你難道不知道胡國國君是我的女婿嗎？你怎麼敢挑撥離間？」關其思繼續大發議論，口沫橫飛地說出一堆非進攻胡國不可的理由，特別強調國家大事，不可牽涉兒女私情，國君更應勇於犧牲個人利益之類的話。「狗屁！」鄭武公發火了，厲聲斥責他：「這話虧你說得出口，你要陷我於不仁不義之地嗎？你想要我女兒守寡嗎？好吧，你既然有興趣叫人做寡婦，就先讓你老婆嘗嘗這滋味吧！左右！把這傢伙推出去斬了！」

關其思被斬原因的消息很快傳到了胡國，國君更加感激這位岳父大人。他以為這件事說明了鄭國再也不會對其國有覬覦之心，遂更加放心地縱情聲色之樂，漸漸地連邊關都鬆弛下來，鄭國的情報人員可毫無顧忌地自由出入。

鄭武公完全掌握了胡國的內情後，認為時機成熟了，突然下令，揮軍進攻胡國。各大臣都莫名其妙地連問：「國君！關大夫過去就是因為建議出兵胡國而遭斬首的，為什麼現在又要伐胡呢？這豈不是出爾反爾？」也難怪各位大臣不明就裡，還為關大夫鳴冤叫屈，豈不知這是鄭武公所用的緩兵之計，所以鄭武公呵呵大笑起來，他摸著鬍子，向群臣解釋說：「你們根本不知兵不厭詐的妙用，這是我的欲擒故縱的計謀啊！我對胡國早就打定了主意，肯犧牲女兒嫁給他，是為了要刺探其國防祕密，斬關其思也不外是堅定他的信心，使他鬆懈其防備，一到時機成熟，就出其不意，一下子就可以把胡國拿到手。」「可是，國君！」其中一個大臣說：「這樣一來，公主不是守寡了麼？」「哈哈哈！還是關大夫說得對，國家大事，怎可以牽涉兒女私情呢！」

鄭軍所到之處，勢如破竹，幾個回合，整個胡國已入了鄭國版圖。鄭武公犧牲了自己女兒的幸福，運用欺詐之術，達到了自己的目的。

在現代社會，是一個充滿競爭的社會，有的人不一定是和你過不去，但卻在有意無意的排擠你，你的努力被認為是表現欲強，他會在背後散布你的謠言攻擊你。如何應對這類朋友，特別是你最親近的朋友便成了當務之急。

人生悟語

口是心非的人嘴巴很甜，善於恭維別人，所以我們在對待那些笑臉相迎的人要從反面角度考慮，豎起你的警戒網，和他保持適當的距離，使自己不會陷入小人的圈套中去。

第九章　兩面倒：兩面三刀背後使壞

狗仗人勢，狐假虎威

自古以來，金錢就是人們一直在不斷追求的，在它的感召下，許多人不堪屈辱，有錢人的奴才式的任務，尤其是在一些高官身邊，這樣的人多的很。

明憲宗時期，政治黑暗，危機四伏，統治階級內部的鬥爭異常尖銳，李子龍暗通太監韋舍、鮑石、鄭忠等人陰謀刺殺憲宗皇帝，雖然錦衣衛及時發現並法辦了叛賊，但這一事件使明憲宗深受刺激，很長一段時間還心有餘悸。本來自即位之日起就缺乏一種安全感的明憲宗，此時更是惶惶不可終日，他感到擁有五六萬人的錦衣衛和盡職盡責的東廠特務也難以確保他的安全，於是決定設立新的特務機構——西廠。

他從錦衣衛官校中選拔精明強幹、善於偵察的人員，成立了約有十多萬人的特務機構，直接受皇帝操縱，具體事務由他最信任的大太監汪直來主持，主要任務就是保護皇帝的安全。

明憲宗為了自己的安全，豢養了一大批特務走狗，一些奸邪小人在保護皇上、緝察逆賊的旗號掩飾下，無惡不作，草菅人命。

錦衣衛百戶韋瑛，本屬地痞無賴之流，後來為了混出個名堂，就冒充內官，改名換姓，隨軍征討延綏。韋瑛本是個心狠手辣不怕死的傢伙，作戰中他偶然的表現，露了幾手，便被提升為錦衣衛百戶。他漸漸嘗到了權力的甜頭，野心也就隨之日益膨脹，一門心思向上爬。他看到大太監汪直平步青雲，志得意滿，備受恩寵，權勢日重，便淨身投靠汪直，成為汪直的心腹和最得力的幹將。二人相互勾結，狼狽為奸，經常密謀陷害無辜之人，大興冤獄。

憲宗成化十三年（西元一四七七年）二月，建寧衛指揮楊曄和他的父親楊泰，在家鄉福建建安縣被仇人虛構罪名枉告一狀。說起來，楊家也算是門第高貴的官宦世家，他又有一個在京做官的姐夫。可是，強龍壓不過地頭蛇，楊曄感到大禍即將臨頭，為了避禍，他同父親商議後，雙雙遠走他鄉。經過幾千里的餐風露宿，父子兩人來到京城，躲到楊曄姐夫、禮部主事董嶼家中。看見丈人與內弟狼狽的樣子，董嶼深感意外，待問明情況後，董嶼覺得事情很難辦，罪名雖屬莫須有，但只怕弄假成真。想來想去，別無良策，三人相對無言，一籌莫展。最後，董嶼決定去找韋瑛幫忙，請他責令有關部門據實詳察，秉公辦理此案。

董嶼找到韋瑛，向他說明楊曄一案的實情，懇請他幫助。韋瑛眼皮子也不抬地聽完董嶼的傾訴，心裡盤算著如何打發董嶼。論交情，他與董嶼沒有什麼私人間的往來，而

且董嶼為人憨直正派，平日裡不肯與汪、韋等人為伍，現在實在沒辦法了才主動上門求到他。韋瑛心裡一氣就想回絕董嶼，又一轉念，自己新近投靠汪直，卻一直沒辦過漂亮的案子在主子面前來顯露自己的才能，以取得主子的賞識和完全信任，今天可是天賜良機，該我韋瑛立一大功。想到這，韋瑛的臉上露出了陰險的笑容，他當即答應替楊曄通融，請董嶼放心，也請他內弟放心。

送走董嶼，韋瑛立即趕到汪直家中，將楊曄的官司添油加醋地密告給汪直說：「楊泰、楊曄父子殺人犯法，攜帶大量金銀財寶畏罪潛逃，躲在董嶼家中。暗令董嶼行賄官吏，替他開脫罪名以緩其獄。」汪直聽了，立即下令逮捕了楊泰、楊曄及董嶼，將他們投入監牢，又假造聖旨抄了董嶼的家宅，抄家沒有得到任何的證據，汪直不肯善罷甘休，他指使酷吏動用酷刑，硬行逼供。楊曄被打得體無完膚，死去活來，實在受刑不過，就隨口編造說曾將一筆錢財寄存在兵部主事楊仕偉家中。汪直得到這個口供後，讓韋瑛連夜帶人闖進楊家，大肆搜查，並逮捕了楊仕偉，將其打人牢獄，還將楊仕偉的妻子一併捉拿進行審問。任憑汪直、韋瑛怎樣費盡心機、用盡酷刑，此案一沒有人證，二沒有物證，無法將楊泰、楊曄父子依法判處。

最後，楊曄受盡折磨慘死在獄中，楊泰以「莫須有」的罪名處斬，楊仕偉也被貶了官。

韋瑛在楊曄一案中大顯身手，立了大功，從此深得汪直倚重，視他為左膀右臂，委以重任，羅織冤案時，往往以韋瑛為急先鋒。在追隨汪直的日子裡，韋瑛也變得更加毒辣、凶殘，睚眥必報。

依權附勢是這類人基本的生存方式，只要依附的人暫時還靠得住，還有可利用的價值，他就會卑躬屈膝，以虛偽的忠誠來換取最大的利益。

人生悟語

一味的忍讓和遷就，只會使那些狐假虎威者更加猖狂放縱，我們要勇於拒絕這類人，可以暗示他如果不加制止自己的言行，那後果將不堪設想。但最好還是遠離這種狗仗人勢的小人，不要讓他打擾自己的正常工作。

當面是人，背後是鬼

競爭，有時就是披著美麗幌子的醜惡怪物，我們往往在情感與理智之中迷惘，在你死我亡的較量中使一些人際關係變得不堪收拾。

於是，競爭使社會關係的天秤多了一個砝碼。這個砝碼將構成怎樣的傾斜，你一定要做到心中有數才行。

偽善的面孔容易讓人信服，有時我們還會去為一些虛偽的人盡心效力，被人賣了還去幫人家數錢呢，這不能不說這是人生的一大悲哀啊！

小王和小姜既是好朋友，又是相處不錯的同事。他們公司的新經理制定了一個獎勵措施，誰創造的效益最多將給一個特別獎，金額頗為可觀。小王非常希望獲得這筆錢，因為他的孩子上大學急需要一筆錢；小姜也對這筆錢看得很重，因為他伴侶整天向他嘀咕誰的老公又賺了輛小車，誰的老公又升了一個職位……小姜極其希望借著新經理的改革舉措，為自己在夫人面前揚眉吐氣。小王瘋狂地跑業務，絞盡腦汁地聯繫，有時，也將自己的情況訴說給小姜。小王不相信同事之間會失去真誠和友誼，他認為幾年來他們已相處得很好了。忽然間，小王發現自己的一些客戶都支支吾吾、言而無信了。他不明白為什麼。有人告訴他，他的客戶聽說他是品行惡劣的人，喜歡擅自將商品摻假，自己從中獲取非法利益……總之，關於他的謠傳很多。年底的時候，小姜獲得了特別獎。小王從小姜的業績單上頓悟過來了。他的嘴裡不斷地喃喃自語：怎麼會這樣？怎麼會這樣？

小王的失誤在於他沒有認清這種對立矛盾的現狀，反而盲目信任同事。在沒有競爭的日子，也許的確能做到大家彼此相悅，其樂融融，一旦進入決鬥場，角色就變成了有「對立矛盾」的人。

在競爭中，除非一方自願放棄，否則，必然有刀光劍影的閃爍、明槍暗箭的中傷，令人防不勝防、難以迴避。

當你棋逢對手時，你的情感、理智、道德、功利都遭遇最大的考驗。當你想獲得成功的時候，是否不遵守道德準則。當你坦誠地面對競爭者，對方是否正在利用你的善良和誠意進行攻擊……

「兵不厭詐」，早已成為制勝的「公理」了，競爭中的虛偽也就變得「在所難免」了。

歷史章回小說《東周列國志》中寫了這麼一則歷史故事。傳說戰國時，孫臏與龐涓同為鬼谷子弟子，共學兵法，曾有八拜之交，結為異姓兄弟。龐涓為人刻薄寡恩，孫臏

則忠誠謙厚。有一年，龐涓聽說魏國正在招賢，訪求將相，不覺心動，就辭行下山。臨行，孫臏相送話別，龐涓說：「我與兄弟有八拜之交，誓同富貴，此行若有進身機會，必為兄舉薦，共立大業。」

龐涓到了魏國，魏惠王見他一表人才，韜略出眾，便拜為軍師。他東征西討，屢建奇功，敗齊一戰，聲鎮諸侯，諸侯忙相約連袂來朝，龐涓之名，震驚各國。龐涓雖顯赫不可一世，卻還妒忌著一個人，那就是他的義兄孫臏。他認為孫臏有祖傳的「孫子十三篇」兵法，勝己一籌，一旦給予機會，必將會壓倒自己，故始終不予舉薦。

鬼谷子與墨子相交甚密。一次，墨子來訪鬼谷子，見到孫臏，交談之下，嘆為兵學奇才。墨子到了魏國之後，在魏惠王面前舉薦孫臏，說他獨得其祖孫武祕傳，天下無有對手。惠王大喜，知孫臏與龐涓是同窗兄弟，就命龐涓修書聘請。龐涓明知若孫臏一來，必然奪寵，但魏王之命，又不敢違抗，乃遵命修書，遣史送迎。鬼谷子深通陰陽之術，算知孫臏之前去凶險難測，但天機不可洩漏，只好在他名上加一「月」字（孫臏，原為孫賓），並給其錦囊一個，吩咐他必須到危機時候方可拆看。

孫臏拜辭先生，隨魏王使者下山，登車而去。見了魏王，叩問兵法，孫臏對答如流，魏王大悅，欲拜為副軍師，與龐涓同掌兵權。

龐涓卻說：「臣與孫臏，同窗結義，臏實臣之兄，豈可以兄為副？不如權拜客卿，候有功績，臣當讓位，甘居其下。」魏王大喜，於是拜孫臏為客卿。又是一番忠肝義膽的表演，殊不知這時的龐涓心懷陷害孫臏的奸計。偽善往往就是在這種場合下才登臺亮相的。

從此，孫龐兩人頻繁往來，但彼此相處，龐涓卻失去了當年的真摯。龐涓心懷鬼胎，欲除義兄而後快，但因孫臏熟讀兵法，想待其傳授後再下毒手。

不久，孫、龐二人在魏王面前擺演了一次陣法，龐涓固不及孫臏，更加懷恨在心。經過一番策劃，他製造了孫臏私通齊國的假象，並報告魏王。魏王一聽，雷霆大怒，削去了孫臏的官職，發交龐涓監管。龐涓又進一步落井下石，私奏魏王，將孫臏的一對膝蓋骨削去。孫臏並不知這一切都是龐涓所為，他還為龐涓在魏王面前為自己求情而感激萬分呢，就答應龐涓的要求，在竹簡上刻祖傳的《孫子兵法》。不料，龐涓派去照料孫臏的僕人成岸是個仗義之人，把這一切全都告訴了孫臏。孫臏大吃一驚，兵法當然不能繼續刻了，但若不刻，必死無疑。情急之中，打開了臨別時鬼谷子送的錦囊，見裡面有副黃絹，上寫有「詐瘋魔」三字。孫臏頓時有了主意。

晚上，飯送了上來，孫臏舉起筷子，忽然僕倒在地上，作嘔吐狀，一會兒又大聲

叫喊：「你何以要毒害我？」接著把飯盒推倒在地，把刻寫的竹筒，全扔進火爐，口裡不斷地說著胡言亂語。看守不知是詐，慌忙去稟報龐涓。次日龐涓來看，見孫臏痰涎滿面，伏地哈哈大笑，忽而又大哭。龐涓問：「兄長為何又哭又笑呢？」孫臏說：「我笑魏王想害我命，而不知我有十萬天兵保護；我哭的是魏國除我孫臏之外，無人可當大將。」說完，瞪眼盯住龐涓，復叩頭不已，口叫：「鬼谷先生，您救我一命吧！」龐涓說：「我是龐涓，你不要認錯人！」孫臏抓住他的袍子不肯放手，亂叫：「先生救我！」

龐涓見孫臏這樣，心裡還是很懷疑，認為可能是孫臏詐癲裝瘋。回去後他想試探其真假，就命令左右把孫臏拖入豬圈裡。豬圈裡糞穢狼藉，髒臭不堪，孫臏披頭散髮，若無其事地躺在屎尿中。不久，有人送來酒食，說是哀憐先生被刖之意。

孫臏一看就知道是龐涓耍的花招，怒目大罵道：「你又來毒我麼？」一把把酒食打翻在地。使者順手拾起一節豬屎給他，他拿起後有滋有味地嚼起來，吞進肚裡。使者把情況回報給龐涓，龐涓這才相信孫臏真的瘋了，從此對孫臏不加防範，任其出入，只派人跟蹤而已。孫臏這「瘋子」行蹤不定，早出晚歸，一直住在豬圈裡，有時爬不動了，就睡在街邊荒屋裡，隨便撿到什麼就往嘴裡塞，魏國人都以為他真的瘋了。

後來，墨子得知孫臏在魏國遭受龐涓的殘害，了解了孫臏裝瘋的真相後，就設法把他營救回齊國。以至於才有了後來的孫臏以「圍魏救趙」之計，大敗龐涓。

兩面三刀的人往往當面一套，背後一套，心懷叵測，笑裡藏刀。做正事沒能耐，害別人很精通，骨子裡裝的全是個人的小算盤，不去靠積極工作提升自身價值，卻把全部心思用在暗算那些埋頭苦幹而又缺乏防範的人身上，做夢都想踩著同事的身子往上爬，一心挖別人的肉補自己的瘡，是極端的自私主義者。

人生悟語

偽善者的嘴臉很容易被人揭穿，我們要做一個有遠見的人，不被偽善所陷害，同時，也不為遭受生活的不幸而沮喪。

明槍易躲，暗箭難防

有時，小人為了掃清的道路，往往會在異己面前裝出一團和氣，像朋友一樣，讓異己在不知不覺中被打倒在地。

有些公司裡面山頭林立、關係複雜，利益衝突是根深蒂固的，因而暗地裡的較量也往往劍拔弩張。身處其中唯有洞察內情方能明哲保身，但若一個人天生大大咧咧，不屑爾虞我詐，一旦被暗箭射中又當如何？

小人天生就是軟骨頭，他們要生存，就要不斷選擇去依附別人，不然他們就寸步難行。他們不能感情用事，該出手時就出手，所謂「只聞新人笑，哪聞舊人哭」。

以前有個和A君同時進這家公司的同事，性格內向，每天就看他低著頭，皺著眉，好像有天大的事急待他思考拍板。

而A君天生開朗，每個同事和A君關係都很好，大概是兩人性格相差太大了，所以他們的關係並不怎麼好。因為A君的工作表現突出，人緣也特別好，主管準備提拔A君當行銷部經理，於是找A君談話。也不知道這次談話內容怎麼被他知道了，他就開始冷嘲熱諷，意思是A君很會拍馬屁什麼的，他也不顧忌什麼，這種話就當著所有同事的面諷刺A君，A君特別尷尬。A君也不和他一般見識，就等著正式任命下來。正式任命如期下來，但他們的公司有這樣的規定，就是還要在原單位裡待一段時間，徵求大家的意見，一般這都只是走走形式而已，沒什麼問題的。

但過了一個星期，上級主管來找A君談話了，很嚴肅的樣子。他說單位收到了匿名信，說A君生活作風有問題，還極其詳細地寫到「某年某月某日有某個女人進了A君的家」。看到這樣的誣陷，A君差點吐血，這一老掉牙的招式現在居然還在使用，大概是覺得A君剛離婚，就有被懷疑的理由，信的署名是「一個伸張正義打抱不平的同事」。A君立刻就想到這個人就是他，因為平時嫉妒排擠搶功總少不了他的份，而他在一開始的表現也實在讓A君懷疑。幸好A君和主管的關係特別好，幾位主管對A君都特別了解，也對這種匿名告狀的形式很不屑，最後這件事情就不了了之了，A君還是如願以償地當上了行銷部經理。在A君升職之後沒幾天，他就提出了辭呈，這樣A君就更確信是他了，雖然A君對匿名信事件隻字未提，但做壞事的人總是會心虛的。

雖然被他很陰險地在背後「戳」了一下，但A君並不生氣，也不會刻意刁難他，其實他完全沒必要走的。

用鄭板橋的「難得糊塗」作擋箭牌來對付明槍暗箭，不失為一個很有成效的明智之舉。對此，一些人曾試過多次確實有用。那些放暗箭的射手，大多是出於嫉妒之心，目的是為了貶低你，如果你對那些小人耿耿於懷，從而影響了工作，那就正好中了他的箭。

被一個人放「暗箭」，可以不當一回事，因為要麼是他在嫉妒，要麼是他心理有問

題；但如果被很多人放「暗箭」，那就要檢討自己了，很可能你的為人處世確實討人嫌。

小人是最善於偽裝的，他們能夠在自己最痛恨的人面前露出最甜蜜的微笑，而當自己的異己還迷惑於他的微笑時，他就會對他們毫不留情地下毒手，「口蜜腹劍」是小人品格的真實寫照。「口蜜」只是為了麻痺對方，而「腹劍」才是他真正的目的。

對付這類小人，一定要做到「害人之心不可有，防人之心不可無」，多留意一下身邊的小人，盡可能地免遭他們的傷害。但如果不幸你沒能躲過那些射來的暗箭，只要我們不把這種欺騙和陷害放在心上，就可以摒棄許多個人的痛苦和煩惱。

人生悟語

世界上只有不知道的才是最可怕的，在小人橫行的時候，我們常常感慨「人心不古」，現在不也是嗎？我們要時時刻刻防備小人在背後給我們一箭，時刻提高警惕，讓自己聰明一點。

明槍易躲，暗箭難防

電子書購買

國家圖書館出版品預行編目資料

笑臉的真相：在背後捅刀的那些「好人」/ 洪俐芝，鄺府著．-- 第一版．-- 臺北市：崧燁文化事業有限公司，2022.02

面；　公分

POD 版

ISBN 978-626-332-043-7(平裝)

1.CST: 修身 2.CST: 人際關係

192.1　　111000647

笑臉的真相：在背後捅刀的那些「好人」

臉書

作　　者：洪俐芝，鄺府

發 行 人：黃振庭

出 版 者：崧燁文化事業有限公司

發 行 者：崧燁文化事業有限公司

E-mail：sonbookservice@gmail.com

粉 絲 頁：https://www.facebook.com/sonbookss/

網　　址：https://sonbook.net/

地　　址：台北市中正區重慶南路一段六十一號八樓 815 室

Rm. 815, 8F., No.61, Sec. 1, Chongqing S. Rd., Zhongzheng Dist., Taipei City 100, Taiwan

電　　話：(02) 2370-3310　　傳　　真：(02) 2388-1990

印　　刷：京峯彩色印刷有限公司（京峰數位）

律師顧問：廣華律師事務所 張珮琦律師

定　　價：420 元

發行日期：2022 年 02 月第一版

◎本書以 POD 印製